あえて答えを出さず、そこに踏みとどまる力
—— 保留状態維持力

# 対人支援に活かすネガティブ・ケイパビリティ

NEGATIVE CAPABILITY

田中稔哉
日本マンパワー・代表取締役会長

日本能率協会マネジメントセンター

# はじめに

　本書は、主に教育、心理、医療、福祉などの領域で対人支援の仕事に就いている人、就こうとしている人、そして広く部下や後輩の指導にあたるマネージャーや先輩社員、さらには人間関係に悩む人に向けて書かれています。人は合理性だけで動くわけではなく、正しい知識や理論、これまでのやり方だけを伝えても、うまくいかないことが多いものです。とくに、予測しがたい環境変化の影響を受ける現状では、これまでに蓄積されてきたデータから導かれた「答え」では対応できないことが増えています。このように、AIには「答え」を出すことが難しい人と人の深いかかわり、個別性の高い対人関係に興味のある方に、ぜひ読んでいただきたいと思っています。

　「自分を知りなさい」「相手を知りなさい」「人の身になって考えなさい」「彼（敵）を知り、己を知れば、百戦殆（あや）うからず」など、人を理解することの大切さは、日常でもビジネスでもスポーツの世界でも、あらゆる場面で言われています。ことに対人支援の領域では、基本中の基本として、支援対象者（何らかの困難を抱え、支援を必要としている人、以下「対象者」）を理解することが求められます。より正確に言うと、職種によって濃淡はあるものの、対人支援職[1]（専門知識と対話等のコミュニケーションを用いて対象者を支援する仕事に従事している人、以下「支援職」）は、自分が対象者を理解する（「みたて」る）ことと、対象者が自分自身を理解できるように関わることを、同時に、あるいは円環的に行うのです（「みたて」は支援職の種類により「診たて（医療）」「見たて（医療以外）」とあてる漢字が異なるため、ひらがなで表記します）。

　支援職が持ったみたてを丁寧に対象者に確認することで、対象者を

3

理解することもあれば、対象者が自分について理解を深め、その内容を表現してもらって、対象者についての理解を深めることもあります。

　支援職の一方的なみたてを持ってなされる指示や指導は、緊急時などに必要な場合はあっても、対象者の主体性を損ね、対人支援職への依存を高めることがあります。また、指示に対する納得感が低い場合は、実際の行動化が起きにくくなります。

　そして、自分を知ることと相手（他者）を知ることは、表裏一体の関係です。支援職自身が、自分の状態、ものの見方、考え方を知らずして、相手理解に近づくことは難しいのです。誰しも多かれ少なかれ、これまで生きてきた家族や社会の中で身につけたフィルター（価値観、判断基準、規範など）を持っていて、それを通して他者を理解しようとするからです。

　筆者は長年、支援職のひとつであるキャリアコンサルタントの養成、あるいは支援の現場にいるキャリアコンサルタントのスーパービジョンに携わってきました。時間的効率、経済合理性が求められる中で、対象者を「早くわかりたくなる」のは当然のことのように思えます。しかし、あらためて考えるまでもなく「人を理解する」ということは極めて困難なことです。100％理解することは不可能ともいえるでしょう。にもかかわらず、「わかった」と思い込んで支援を進めているケースが多く見られるのです。

　ネガティブ・ケイパビリティとは、そうしたことを防ぐと同時に、答えがない、ゴールがないという、ある種絶望的な状況の中でも、それを受け入れ、そこに留まり、わかろうとする努力を継続するための力なのです。この力は対人支援の領域に限らず、曖昧さや矛盾や葛藤をはらんだこの社会に数多く存在する、簡単には答えが出ない問題、見通しが持てない状況に対処するために有効だと考えられます。

　ネガティブ・ケイパビリティを語るのは困難です。「ネガティブ・ケイパビリティとは○○である」と断定してしまうと、ネガティブ・

ケイパビリティ自体を否定しかねないからです。したがって本書でも、時に断定的に「○○である」と記述してしまいますが、それらにはすべて、「そうかもしれないし、そうでないかもしれない」ことと読み替えてください。本書から入力される情報に対してだけでなく、日常で経験する出来事に対しても、「本当にそうなのか、本当は何が起きているのか」、その出来事に対して持った自分の考えは「本当にそれでいいのか、違う見方はないか」と考え続ける姿勢や力、それがネガティブ・ケイパビリティです。判断を保留した状態、答えが出せない状態でもいい、むしろ自分がその状態を保てていることを歓迎するのです。

　日常のすべての出来事に対して、この姿勢をとることは極めてストレスフルであり、効率性を損ねることにもなります。ある程度（感覚的ではありますが7、8割）の理解で了解し合いながら生活するのが現実でしょう。普段の生活は、既有の知識や経験則などを使って効率よくわかったことにするコミュニケーションで成り立っています。そして特定の領域では、そこで共有された常識に拠ったハイコンテクスト*2なコミュニケーションが成立しています。とくに、タイパという時間効率が求められる風潮の中では、外から与えられる権威（人以外にAIなども含む）からの答え（情報や意見、判断基準）をそのまま取り入れ、自分で考える時間を減らすことをよしとする傾向が強くなっています。

　しかし、現在とは非連続な未来が到来するVUCA*3の社会では、これまでの決まりや判断基準はあてになりません。ことに、対人支援のように、生きてきた世界が異なる人同士の関係の中で、自他の微細な違いまで共有することが求められる場面では、ネガティブ・ケイパビリティが必要になるのです。そこでは、他者をわかること、わかり合うことについて、より細かい、より深い、より丁寧な関わりが求められるからです。

もちろん、既有の知識、データ、理論、マニュアルなどをもとに効率的、合理的に判断して結論（問題解決）を導く力（これはネガティブ・ケイパビリティに対比して「ポジティブ・ケイパビリティ」と言われます）は依然として必要です。しかしながら本書では、対人支援の領域におけるネガティブ・ケイパビリティの必要性、重要性について述べていきます。読者の皆様が VUCA の社会の中で、自他の違いを尊重し合う、ダイバーシティ＆インクルージョンを実現していくために、そして曖昧さや葛藤のなかに留まりながら仕事を続けていくために、本書がわずかでもお役に立てることを願っています。

2024 年 5 月
田中 稔哉

---

＊ 1：本書で対象となる主な対人支援職は以下のとおり。
**医療・保健：**
　医師、歯科医師、看護師、助産師、保健師、理学療法士、作業療法士、言語聴覚士、救急救命士、公認（臨床）心理師、視能訓練士、柔道整復師、鍼灸師、指圧師
**福祉：**
　保育士、児童指導員、介護士、ホームヘルパー、手話通訳者、ソーシャルワーカー
**理美容：**
　理容師、美容師、メイクアーチスト、エステティシャン
**教育：**
　教員、学童保育指導員、学校カウンセラー
**組織人事：**
　人事担当者、組織開発担当者、キャリアコンサルタントなど
**その他：**
　ホテル・飲食店等接遇スタッフなど
＊ 2：コミュニケーションの背景や文脈が共有されている割合が高い状態。自ずと言葉以外の表現の比重が高まる
＊ 3：Volatility（変動性）、Uncertainty（不確実性）、Complexity（複雑性）、Ambiguity（曖昧性）の 4 つの単語の頭文字をとった造語。1990 年代以降に軍事用語として使用され始めた。2010 年頃からは、経済分野においても使われはじめ、さらに人材育成の現場やマネジメントでも使用されるようになった

# CONTENTS

## 第1章 さまざまな分野での ネガティブ・ケイパビリティ

## 第2章 ネガティブ・ケイパビリティが 必要になっている時代背景

第 **3** 章
### 対人支援と
### ネガティブ・ケイパビリティ

# 第**4**章 対人支援場面における
ネガティブ・ケイパビリティの発揮

# 第**5**章 対人支援職エキスパート10人のインタビュー
から見えるネガティブ・ケイパビリティ

# 第6章 対人支援職の中のネガティブ・ケイパビリティ
（第5章のインタビューのまとめとして）

第 **7** 章 ネガティブ・ケイパビリティを身につけるための研修とその結果（対象：キャリアコンサルタント）

# コラム目次

第 **1** 章

# さまざまな分野での
# ネガティブ・ケイパビリティ

●この章でお伝えすること●

1. ネガティブ・ケイパビリティという言葉が初めて使われた
   ときのこと

2. さまざまな分野におけるネガティブ・ケイパビリティ的な
   力の必要性

3. ネガティブ・ケイパビリティとポジティブ・ケイパビリティ

# 1 ｜ 初めてのネガティブ・ケイパビリティ

　ネガティブ・ケイパビリティという言葉は、1817 年にイギリスの
ロマン派の詩人キーツ（ジョン・キーツ：1795 〜 1821 年）が弟た
ちへの手紙の中で初めて使った造語です。その中でネガティブ・ケ
イパビリティは、シェイクスピア（ウィリアム・シェイクスピア：
1564 〜 1616 年）が持っていた能力、詩人に必要な能力として述べ
られています。その意味は「答え（事実、根拠）を急いで見つけよう
とせず、わからなさ（不確かさ、不思議さ、疑念）の中に留まってい
られる力」、さらに「自分の考えや気持ちを消して、想像によって他
者の中へ入っていける共感力」とされました。

　ここで述べられているネガティブ・ケイパビリティには、4 つの要
素があります。前者からは、

① 答えを急いで求めないこと

② わからない状態に留まること

そして後者から、

③ 自分の考えや気持ちを消すこと

④ 他者の中に入って共感すること

です。出来事（外部から入ってくる刺激、情報）を①と③の姿勢で受
けとめ、②の状態を保つことによって、④のような他者の目から見た
世界が感じ取れるようになるともいえるでしょう。その共感する他者
の領域が広がっていくと、自分の枠組みから解き放たれ、多様な視点
や考え方ができるようになります。それは時にひらめきや創造力とも
呼ばれるのです。

　ネガティブ・ケイパビリティは、キーツがこの言葉を使ってから

100年あまりが過ぎて、イギリスの精神分析医ビオン（ウィルフレッド・ビオン：1897 ～ 1979 年）によって精神科診療に必要なものとして取り上げられ、注目されることとなりました。

ビオンは精神分析家が自分の枠組みで患者を理解しようとすることに対して、人はそう簡単に理解できない複雑な存在であるという警鐘を鳴らしたのです。専門的な知識を持ち、精神分析の高度なトレーニングを受けた精神科医であっても、患者の言動を、自分が学んできた枠組みで解釈することなくそのまま受けとめ、患者の中に入って（患者の視点で）感じ取るようにすることの大事さを主張しました。精神分析家の中に、何も入っていないまっさらな空間（negative space）を持っていることで、クライエントのありのままの気持ちや思いをそこに受け入れることができるのです。そうすると、クライエントも自分が体験していることについて防衛せずにいることができ、気づきが得られるのです。これはビオンの言う「包容機能（containing）」に通じています。この考え方は同じイギリスを代表する心理学者ウィニコットの「ホールディング（holding）」として受け継がれていきました。

ここからは、最初に芸術におけるネガティブ・ケイパビリティに触れた後、他の分野におけるネガティブ・ケイパビリティ的なものについて見ていきましょう。

## 2 | 芸術における ネガティブ・ケイパビリティ

　芸術は、人と人とを隔てる壁を乗り越えて感じ合うことができる普遍的で自由なコミュニケーションとも表現されます。ですので、芸術作品の創作や鑑賞において、ありのままを感じ取る力、それを表現する力の重要性は古くからいわれています。自分とは大きく異なる背景を持つ人や自然が創り出した事物に対し、ひととき自分を脇に置いて感じたままを味わう、そこに感動があります。そこには芸術が求める真実や美との触れ合いがあるのでしょう。

## シェイクスピアの『リア王』に見るネガティブ・

　キーツが弟たちに向けた手紙の中で、シェイクスピアが『リア王』の中で、ネガティブ・ケイパビリティについてどう表現しているのか、私なりに読み解いてみます。

　リア王は、信じていた長女ゴネリル、次女リーガンをはじめ側近たちに裏切られ、欺かれ、ひどい仕打ちを受けます。そして発狂して荒野をさまよい、最後は最愛の娘、三女のコーディリアの亡骸を抱きながら悶死します。

　物語には、リア王をはじめ周囲の人を騙し、陥れる人物がたくさん登場します。一方で、絶望的な運命を辿り、気が触れたリア王に、時にひどい仕打ちを受けてもなお、陰に日向に尽くし続ける人々が描かれています。一文も持たされず追い出されたにもかかわらずリア王を心から愛し、リア王を助けるために立ち上がる三女のコーディリア、変装してまで行動を共にする忠臣ケント伯やエドガーなどです。また、ユーモアや皮肉という形で本質を直言する道化師も登場

　画家や陶芸家などの中には、明確な目的や有用性を否定し、キャンバスに絵の具をまき散らしたり、窯の中の焼成に任せたりと、偶然に身を任せ、生まれいずるものを待つ創作姿勢が見られます。また、ピカソ（パブロ・ピカソ：1881 〜 1973 年）は、自分が確立した技法を自ら壊すことによって次の創造活動へと向かったように、既存の物事を否定しなければ新しいアイデアの構築や新しい達成はないといっています。岡本太郎（1911 〜 1996 年）の「芸術は爆発だ！」ですね。芸術におけるネガティブ・ケイパビリティは文字どおり「否定」という意も含んでいると理解できます。

　否定という強い言葉を使わず、「遊び」といってもいいかもしれません。常識を捨て、目的から離れ、とくに根拠など求めず自由に発想することから創造性が生まれるのです。現代社会、とくに仕事におい

## ケイパビリティと現代の対人支援 —— column 1

します。

　これらの人々は目先の私利私欲に走る登場人物と対比して描かれ、どれだけひどい仕打ちをされてもリア王の気持ちに思いを馳せています。そしてリア王と共に居ながら、またはそれぞれの立場で、理不尽な状況を受け入れながらもそれに屈せず、人としてのまっとうな道を歩もうとし続けます。「どうにもならないような絶望的状況を受け入れること」と、「一筋の希望を持って諦めずに自分のできることを続けること」が両立しているのです。ここにキーツのいうネガティブ・ケイパビリティが映し出されています。

　そして、これは現代の対人支援の仕事にも通じるものです。支援職にとっても対象者にとっても、悲観的と思える状況にあっても、何かが起きることを期待しながら、相手を思い、できることに取り組む姿勢が必要なのです。

ては、常に目的が意識され、根拠が求められます。しかも早く答えを出すことが良しとされています。そこには「遊び」の入る余地はありません。そのような文化の中では、新たな発想は出てこないでしょう。

　初めて使われた経緯からして、文学の領域においてキーツのネガティブ・ケイパビリティに関する研究や議論はたくさんなされています。『源氏物語』をはじめ幾多の文学作品には、常識や既存の倫理観、道徳観と自身の生き方の間で葛藤し続ける登場人物が描かれています。また、先の見えない困難な状況に耐え忍ぶ主人公や、それを見返りを求めず支え続ける登場人物も描かれています。

　ネガティブ・ケイパビリティという言葉は、キーツが手紙という私信のなかで1回使っただけなので、そこに特別な意味はなく、何気なく使っただけの言葉なのではないかという主張もあります。しかし、芸術におけるネガティブ・ケイパビリティの多くは、個性をなくして曖昧なものは曖昧なままにして、矛盾や葛藤のそのままを受けとめ、その中で出てくる感受性や、共感性の大切さを教えてくれます。また、絶望的な状況を直視しつつも、わずかな希望を支えに耐えながら、自分にとっての真実を求め続ける美しさも表しています。

# 3 宗教における ネガティブ・ケイパビリティ

　実は、このような姿勢や力の価値や有用性については、世の東西を問わず古くからいわれているのです。まずは宗教の世界から見ていきましょう。

　まず仏教です。仏教にも無我、無心、諦観・諦念といった近しい概念があります。仏教にはあらゆる事物は現象として生成しているだけであり、それ自体を根拠づける不変的な本質は存在しないという、世の中のすべてが理解不能だとする考えや、自然に対する「畏れ」のようにアンコントローラブルな対象はあきらめて受け入れるべきという考えがあります。

　また、想念（考えや思い）を断ち切って境地に達することではなく、想念の中に在りながらその想念から離れ囚われないこと、他者への過剰な期待を捨て、自分の欲から離れて物事を俯瞰してみること、第三者の視点を持つことの大切さも説かれています。他者への期待や我欲が人の苦しみの源だという考えです。私心を持たないことの大切さに通じています。

　キリスト教にも、信仰によって個人の自己中心的な欲望や執着が消え救われるという教えがあります（マルコによる福音書 8 : 35）。人間と宇宙との統一的な状態を表すために、「ユニオン」や「コミュニオ」という概念が使われ、これらの境地では、個々の自己が超えられ、神性や宇宙的な全体性との結びつきが強調されています。

　宗教の世界ではネガティブ・ケイパビリティ的な姿勢を身につけるには、瞑想などをしながらの長く厳しい修業が必要とされているものが多く見受けられます。

# マインドフルネスとネガティブ・ケイパビリティ──

　マインドフルネスとは、「今この瞬間に起きている経験に注意を向け、評価や判断を手放して囚われのない状態で感覚や感情を受け入れ、気づきを得る状態を促進するもの」です。マインドフルネスは仏教にルーツを持っており、瞑想などによって身につけることができるとされています。仏教本来のマインドフルネスでは、「無我」や「悟り」という解脱に至るための方法で、特定の目的を持たずに行われますが、医療行為としてのマインドフルネスは、不安やストレスの軽減など、特定の目的を持って行われます。ここでは仏教の方ではなく、医療行為としてのマインドフルネスを扱います。

　医療行為としてのマインドフルネスは、1979年にジョン・カバット・ジン（1944年〜）が、マサチューセッツ大学の医療センターで、心理学の注意の焦点化理論と組み合わせ、MBSR（マインドフルネスストレス緩和プログラム）として体系化したものです。具体的には、瞑想によって日々の心配事や不安な気持ち、仕事や他人からの評価など、つい頭に浮かんでしまうことを鎮め、「今」だけに集中できるような精神状態を意識的につくっていきます。不安やストレスの元となっている思考が消えて集中力が高まり、心身のコンディションを整える効果があるとされています。このマインドフルネス瞑想はグーグルをはじめビジネス界でも活用されています。

　私たちは、家族、学校、社会と続く環境の中で、脆く傷つきやすい「ありのままの自分」をさらけ出すことに危険を感じ、鎧（その場に応じた考え方やそれに基づいた表情や言葉遣いなど）をつけた自分をつくってきています。それによって、弱い「ありのままの自分」を人に見られずに済み、人間関係などの不安やストレスを減らすことができます。それは環境にうまく適応しているともいえるでしょう。

　しかし、その鎧は次々と降りかかる危険から身を守るため、だんだん強固なものになっていきます。そして常に鎧というフィルターを通して外の世界を見るようになり、その鎧と自分の境界があいまいになって「ありのままの自分」がわからなくなってしまうのです。

　マインドフルネスで今ここに注意をとどめることによって、「ありのままの自分」が経験していることに気づけないまま、自動的に鎧を通して感じたり考えたりしてしまうことを防げるようになると考えられています。

　マインドフルネスとネガティブ・ケイパビリティに共通するプロセスを挙げてみます。

1. これまで身につけてきた価値観や常識、普通など自分の考え方の前提になっているものを疑ったり手離したりすること
2. 自分の見たくない負の側面、否定的感情も含め、今自分が体験していることをそのまま受けとめること
3. 急いで何かをすることなく、今ここにとどまること
4. 上記の状態を保つことにより、自動的にわいてくる感情から離れて、今の状況を客観的に見ることができるようになること
5. 結果として、意識や視点の大きな転換が起きて、「ありのままの自分」にアクセスすることができ、苦しみからの解放につながること

　ネガティブ・ケイパビリティはある状態を保つ方（1側）に力点がありますが、医療行為としてのマインドフルネスはその状態を保つことによる治療効果（5側）に力点が置かれているでしょう。ネガティブ・ケイパビリティを身につけることによって、マインドフルネスの状態に近づく、マインドフルネス瞑想によってネガティブ・ケイパビリティを養うことができるともいえそうです。

また、純粋な宗教とは違いますが、ハワイに伝わる「ホ・オポノポノの教え」では、苦しみや悲しみは記憶の再生によるものと考え、あらゆる過去の出来事についての記憶を「クリーニング」することを勧めています。「クリーニング」して「空」の状態になることで、インスピレーションがもたらされ人生が開けてくるというのです。「クリーニング」とは、ただなかったことにして消し去るということではなく、苦しみを伴った経験に対し、それをいったん自分事として向かい合い、その経験に「ありがとう」「ごめんなさい」「許してください」「愛しています」と唱えて「成仏」させていくようなことのようです。

# 4 | 哲学における ネガティブ・ケイパビリティ

　哲学でも、近しい概念がその重要性とともに扱われてきました。カント（イマヌエル・カント：1724 ～ 1804 年）は多くの他国の人々と交流する中で、世界には自分たちとは異なる多様な視点や価値観があることに興味を持ち、そこから人が経験から知りうることには限界があると考えました。それにもかかわらず、人は経験の範囲を超えた超越的な問い（アンチノミー）にまで答えを求めようとする傾向（理性の暴走）があることを指摘し、知ること、わかることに対して謙虚であるべきだと警鐘を鳴らしたのです。

　フッサール（エトムント・フッサール：1859 ～ 1938 年）は人が経験する物事や事象の背後にある本質や意味を探求する方法（現象学的還元）の最初のステップとして、先入観や予断を排除した一時的な中立（エポケー）を保ち、ありのままの経験（純粋経験）に開かれた心を持つことを提示しました。

　また、西田幾多郎（1870 ～ 1945 年）も純粋経験について述べていますが、フッサールが「純粋さ」を対象から直接的に観察される現象そのものとしているのに対し、西田は主観的な偏見や先入観（汚染された経験）から解放されている状態としています。ちなみに、西田は「自己」について、変化しつつ矛盾を含みながら一体性を保っている（絶対矛盾的自己同一）とし、人が成長し自己実現に向かうには、矛盾を受け入れ、それらを包含することが重要だと述べています。矛盾を否定し統一された一つの自己を追求するのではなく、矛盾を抱えつつもそれを認識し、受け入れることで、より豊かな自己として成長していくという主旨です。このことは後に述べる、支援職にとっての

ネガティブ・ケイパビリティの重要性に深くかかわっています。

　ハイデガー（マルティン・ハイデガー：1889 〜 1976 年）は、「真の存在はピュシス（矛盾や相反するものが同時に存在する自然そのもの）の中にあった」と述べ、それを突き詰めていくのが本来の哲学であったはずなのに、それを理解しがたいものとしてカヤの外に置き、人間の理解できるロゴス(理性)に適ったものだけを考えるようになってしまったといっています。そこからハイデガーは、現代社会において人間は多くの欲望によって自己を失いがちであると考え、物質的な豊かさや社会的な地位の追求に囚われず、自己を見つめ直すことが重要だと主張します。物事をそのまま受け入れ、開かれた心で受け止めること（放下）が大切だと説きました。これには自己の限界や不完全さを認識するという側面も含まれています。人間が完全な存在ではないことを強調し、自己の限界を受け入れることで、偏見やプライドから解放され、謙虚な姿勢を持つことができると考えたのです。

　また、ハイデガーは、「待つ」という姿勢について、何かを期待して待つのではなく、すべての執着（予測）を捨て、ただ純粋に待つべきだとも主張しています。これも支援職が支援対象者に向ける「待つ」という姿勢に通じるものがあります。対象者の力を信じつつも過度な期待をすることなく「待つ」のです。ハイデガーは、プラトン以降の哲学では「相反するものが最も美しい調和だ」などという論理的に理解し難いものは排除され、ロゴス（言葉、理性、定義）に適った、私たちに理解できるもののみを人間は考えていくべきだ、という立場が主流になってきたと述べています。

## 5 ｜ 社会構成主義と ネガティブ・ケイパビリティ

　比較的近年、20 世紀後半から提唱されてきた社会観に社会構成主義があります。社会構成主義は「客観的な真実」というものは直接観察することは不可能であり、何らかの社会的枠組みがあってそれに依拠して観察されざるをえないという考えです。たとえば、「50cm 程度の 4 本の棒状のものに安定的に支えられた 50cm 四方の平面を持ち、その一辺には斜め上方へ平板がついている物体」は、その形状が「イスらしきもの」という社会的に認知（構成）されているから「イス」たりえると考えます。そうした認知のない社会では、同じ物体であっても「イス」とされないかもしれないのです。

図表 1-1　社会的な認知としてのイス

同様に、幸不幸、善悪、美醜の判断基準や道徳観念なども、社会的に構成されているものであり、絶対的なものではないと考えます。そこで、異なる文脈、異文化の中で生きてきた人とわかり合うには、丁寧な対話により共有できる意味をつくっていくことが大事だとされています。

図表 1-2　社会的に構成された判断基準、道徳観念

　教育や心理学の領域では、個人の中での知識や意味の生成についても、個人が自分自身の経験を通じて構築するという考え方があり、こちらは社会構築主義といわれることが多いようです。もちろん社会的な要因は存在しますが、これらの分野では主に個人の認知的プロセスに焦点を当てており、個人がどのように学習し知識を構築していくかに関心があります。

　社会構成主義の考え方は、第 2 章の「多様性の尊重による利益相反や矛盾」にも関わってきます。

# 6 思考法に見るネガティブ・ケイパビリティと ポジティブ・ケイパビリティ

　思考法の中においてネガティブ・ケイパビリティにあたるものが水平思考（Lateral Thinking）＊4、ポジティブ・ケイパビリティにあたるものが垂直思考（Vertical Thinking）です。

　水平思考は、既存の枠組み、慣習、前例を度外視して自由に発想する方法です。「であるべき」「であるはず」という先入観を疑い、否定することでもあります。自分の中の善悪、正誤、損得、有要不要といった判断基準を捨て去り、これまでにはない方向から考え、新たなアプローチやアイデアを探索します。思いもよらない飛躍した発想が歓迎され、創造性をフル活用します。論理よりも直感に重きを置くことから、右脳型の思考法と呼ばれたりもします。

　この発想法を養うには、自分と異なる人との交流によって、多様な視点を身につけることや、偶然の出来事を大事にして、そこから学ぼうとすることが有効です。自分の当たり前が通用しない経験、越境体験の中で自分が思い至らない世界の存在を知れば、先入観から距離を取れるようになります。意図せず、予測できず起こったことは、未経験の状況での対処方法を学ぶチャンスです。

　一方、垂直思考は、既存のルールや論理的な手法に基づく伝統的な思考スタイルです。既存の知識や情報を整理し、論理的な手順に基づいて結論を導くことを重要視します。課題に対してこれまでの知見の中からもっとも優れたものを選択し、適用して解決しようとします。

---

＊4：医師であり、心理学者でもあったエドワード・デボノ（1933〜2021年）が垂直思考と対比するために生み出した用語

水平思考と垂直思考は、状況や目的に応じて、適切に使い分け、あるいは併用することが大切です。

図表1-3　水平思考と垂直思考

| | 水平思考 | 垂直思考 |
|---|---|---|
| 思考の方向性 | ●常識や前例から距離を置き、自由に発想する（既存の枠を外す、幅を広げる非常識に考える）<br>●偶然や例外に注目する<br>●直感を大事にする | ●論理的に筋道を立て、それに沿って考える<br>●これまでの知見を活用する<br>●答えに到達する可能性を最大化する<br>●非論理的なことは重視しない |
| 答　え | ●ない、あるいは複数あると考える<br>●状況によって変わると考える | ●１つの答え（最適解）を追求する<br>●普遍的な答えを求める |

# 7 軍事戦略に見るネガティブ・ケイパビリティとポジティブ・ケイパビリティ

　国家間の戦争に関する軍事戦略論の中でも、同様に対比される2つの方法論があります。これらは軍事の面に限らず、広くビジネスの世界でも応用されています。その2つとは、順次戦略と累積戦略です。

　ここでは、ポジティブ・ケイパビリティにあたる順次戦略から説明します。順次戦略は、一連のステップや段階を順番に進めながら目標を達成する戦略のことを指します。これはプロジェクト管理や計画立案において一般的に使用されるアプローチでもあります。「A戦略の結果こうなるはずだから、次はB戦略でいく。A戦略の結果がそうならなかったらC戦略をとる」と考えます。各ステップが前のステップの成果に依存すると考えるので、戦略の順序を決めて進行する必要があります。目標を設定し、これまでのデータをもとに目標を達成するために必要な戦力（労力）量を数値化し、成果指標も数値で「見える化」します。したがって、スケジュール管理やリソース（戦力、物資）の割り当てが重要です。

　一方、累積戦略はネガティブ・ケイパビリティに当たるものです。累積戦略は明確にいつ何が起こせるかを考えずに、時間や努力をかけて少しずつ成果を積み上げていくアプローチです。戦争においては戦艦や戦闘機を1つずつ破壊し、積み上げていく方法論です。手当たり次第に目の前の敵を倒している（「見える化」していない）ようにも見えますが、小さな戦果の積み重ねが、いつかある時点でそれが大きく戦局に影響してくることになります。太平洋戦争において米軍がとった戦略といわれ、長期的に大きな成果を達成することに繋がりました。ことにあたるメンバーには継続的な努力とコミットメントが求

29

められます。

　性急に成果を求めず、目の前のことを諦めずにコツコツと継続していけば、いつか思っても見なかった大きな成果につながるということです。早起き、清掃、挨拶、前向きな考え方などが習慣化し、しっかり身につくと、個人や組織を根本から変えていく力になります。

　順次戦略と累積戦略も状況や目的に応じて、どちらかを重視しながらも併用されることになります。片方だけではうまくいかないのです。

図表 1-4　順次戦略と累積戦略

| 順次戦略 | いつまでに何をどうするか明確に目標設定して、段階的に進行していく戦略 |
|---|---|
| 累積戦略 | いつどういう結果が出るかわからない中で、黙々と行動を積み重ねる戦略 |

## 8 ビジネスなど他の分野へ広がりを見せる ネガティブ・ケイパビリティ

　近年では、これまで述べた領域を越え、より広く人間関係や創造性を支えるものとして、その重要性、有用性が語られるようになっています。領域としては対人支援はもちろん、組織開発、リーダーシップ、教育などへ広がりを見せています。

　組織の変革を担うリーダーや優れた教育者は、物事を決めつけずに判断を保留して観察し続け、その場で起こることを恐れずに受け入れ、問題をすぐに解決したいと思っても敢えてアクションを起こさず、気づきや学びが生まれる空間を作り出して待つことができるといわれています。立ち止まって熟慮、内省することによって、必要な情報が掘り起こされ、周囲で起こっていることが明確になるのです。諦めたくなる気持ち、他者の評価を恐れる気持ち、過去の経験から学んだことを当てはめたくなる気持ちに耐え、保留状態を保ち内省と観察を続けることよって、アイデアが生み出されるということです。

　このように判断を保留して答えを出さない状態をキープすると、きわめて不安で、ストレスフルな状態が続きます。それを支える力がネガティブ・ケイパビリティなのです。

　ネガティブ・ケイパビリティ的姿勢とポジティブ・ケイパビリティ的姿勢を対比させて論じているものとして近年大きな注目を集めたのが、ノーベル経済学賞を受賞したダニエル・カーネマン（1934年〜）の『ファスト＆スロー』（2012年）です。カーネマンは、情報が入力されるやいなや直感的、感情的に素早く判断する「ファスト思考」を「システム1」とし、それは第一印象や経験則による判断に自信を持ち過ぎていて大きな危険を孕んでいるとしました。VUCAのような誰も経

験したことのない複雑な状況の中で、わからないままでいる不安に耐えきれず急いで判断すると、浅慮で視野の狭い誤った判断になることが多いというのです。にもかかわらず、「システム1」は自動的に発動してしまうので、停止させるのは難しいとも述べています。

　一方、即断を避け、熟慮してから判断する「スロー思考」を「システム2」として、それには「システム1」が犯した判断ミスを修正する役割があるとしました。しかしこの「システム2」は、かなり意識して努力しないと発動せず、「システム1」のミスを見逃してしまうことが多いと述べています。このカーネマンのいう「システム1」はポジティブ・ケイパビリティに近く、「システム2」を発動させるために必要な力がネガティブ・ケイパビリティに近いと考えられます。

　これまでのネガティブ・ケイパビリティ的な概念をまとめてみます。まず、すっかり自分というものをなくした無の境地や、本質を見極め真理を悟りに至る達観といったレベルがあります。このレベルに達するには瞑想などによって神など真なるものとつながるような、何か特別な厳しい修行が必要に思えます。

　そして次には、自分のものの見方・考え方（私心、欲、偏見、先入観など）を自覚し、それらに対して疑問を持ち、抑え込んだり、保留したりして、自分が何を経験しているのかを、ありのままに感じ取ろうとする状態があります。ネガティブ・ケイパビリティにおける「ネガティブ」は、答えや根拠を出すことに対する消極性を表すと同時に、自分の見方・考え方に対して否定的であることも意味しています。

　その状態を保つことによって、俯瞰的、客観的視点、多様な見方、微細な点も見逃さない観察力がもたらされ、そこから最終的に、想像力、創造力、ひらめき、共感力、他者視点の獲得などがもたらされるのです。

　この段階になると、自分事として考える領域が広がります。遠い国で起きている紛争や自然破壊などについても人事にせず、自分も何かできることはないかと考えるようになるのです。その上で、本来の自

分と向き合い本当は何をしたいのか、何をなすべきなのかを考えるのです。いったん自分に疑問を持ち批判的に見ることによって、新たな視座を得るともいえるでしょう。ただし、自分事化するといっても、自分の力で物事や他者をコントロールしようとせず、他の存在に対する適度な信頼感を持って委ね、何かが生まれいずることを信じて待つのです。こういった考えは自分のこれまでの見方・考え方を崩しながらも新たな考えや視座が生成されるという福岡伸一（1959年〜）の『動的平衡*5』の生命観に通じるものです。崩壊と生成の「あいだ」でアイデンティティは保たれ、生成が上回るところに人の成長や発達があるとされています。

　また、この図表1-5のプロセスについては、自然にこの順序で最後の状態に至るという考えと、最後の状態を手に入れるために、前半の状態を意図してつくろうとする、合目的的な考えがあります。しかし、ネガティブ・ケイパビリティの本質から考えれば、得るものを期待して何かをするのではなく、無の境地レベルはムリとしても、まずは自分の見方を保留して、多くを期待せず「ただ待つ」ことが大切なのでしょう。

図表1-5　ネガティブ・ケイパビリティが表現する範囲と
それぞれの領域が重視するところ

| 無の境地 | 私心の排除 | 判断の保留 | 観察・探求の継続 | 深い共感 | 創造性 |
|---|---|---|---|---|---|
| | 自己（の認知傾向）理解 | | 心の空きスペースの保持 | | 自分事化 |

| 宗　教 | | 芸　術 |
|---|---|---|
| | 哲　学 | |
| | 対人支援ビジネスなど | |

---

＊5：合成と分解、あるいは酸化と還元という逆方向の反応を絶え間なく繰り返しながら平衡状態を保っている状態

## 9 | ネガティブ・ケイパビリティと ポジティブ・ケイパビリティのまとめ

　先でも少し触れましたが、ネガティブ・ケイパビリティと対比される概念として、ポジティブ・ケイパビリティがあります。ポジティブ・ケイパビリティでは、できるだけ曖昧さを排除し問題を単純化し、早く成果につなげることが重視されます。いうまでもなくポジティブ・ケイパビリティは現代社会の多くの場面で必要とされる力です。

　教育の世界では、決められた時間内で多くの問題を解くことが求められます。それらの問題にはあらかじめ用意された「正解」があります。また試験以外でも、先生の中にある「正解」の言動や考え方が求められます。その「正解」は、現在の社会のマジョリティが「正しいこと」「よいこと」と考えているものなのです。いわゆる「普通」「あたりまえ」を学ばせているといえるでしょう。

　これはいけないことではありません。「仲間を傷つけることは許されない」という規範は普遍のものです。最低限これを破ってはいけないことを教えることは必要です。それでなくても生きていくうえで必要な基礎的な知識や、技術はいったんはそのままを教える必要があるでしょう。

　教育の世界も既に、正解のない問題、何が問題かさえわからない状況にいかに対処していくかを教えることの重要性に気づき、そのために学習指導要領の改訂などに取り組んでいます。大学の入試も知識以外を評価する多様な選抜の形式が増えてきています。しかし、いわゆる「偏差値の高い学校へ行くことが正解の進路」という、これまでの価値観は簡単には崩れません。ここでの「正解の進路」は大学の先にある安定した収入が得られる大手企業への就職です。簡単に崩れない

のは、現状の日本ではそれが一理も二理もあるからです。生徒1人ひとりが自分の正解を考える土壌が十分に育っていません。

　一般のビジネスシーンでも同様です。既有の知識や理論、既存のデータ、経験則を総動員して効率的に課題を解決することで、ミッションをクリアすることが求められています。それができることが「よし」とされ、高い評価が得られます。「ちょっと立ち止まって考えよう」

図表1-6　ネガティブ・ケイパビリティ、ポジティブ・ケイパビリティ
それぞれの出来事への対応

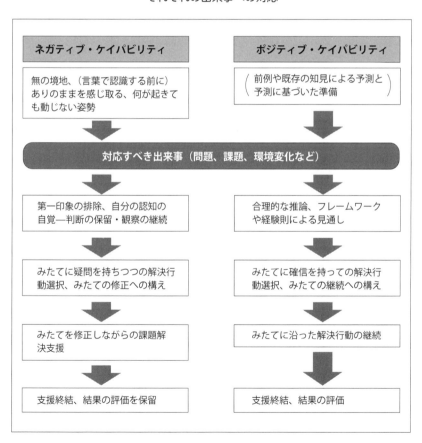

程度ならば許されますが、「何かを期待することなく判断を保留して待とう」などという意見は通らないでしょう。それでは「無策」「思考停止」「先送り」といった否定的な評価になるでしょう。

　ここで強くお伝えしておきたいのは、ネガティブ・ケイパビリティは、決してそのような問題解決をしない姿勢なのではありません。世の中の課題、私たちの身の周りに起こる課題の中にはポジティブ・ケイパビリティだけでは解決が難しいものがあり、そのような課題にはむしろネガティブ・ケイパビリティを発揮して対処する方が問題解決に近づけるのです。

　ネガティブ・ケイパビリティは問題解決をしないでいるというだけの、ポジティブ・ケイパビリティの正反対の概念ではありません。問題解決に至るまでのアプローチ方法の違いなのです。ネガティブ・ケイパビリティとポジティブ・ケイパビリティは両方を身につけ、個人の中で共存させる必要があります。テーマや場面によって、どちらを優位にして対処するかが決まってくるのです。

　社会は大きく早く変化し、先が見通せなくなっています。次の章では、ネガティブ・ケイパビリティの重要性が増している社会の変化について見ていきましょう。

# 第 **2** 章

## ネガティブ・ケイパビリティが必要になっている時代背景

●この章でお伝えすること●

1. 多様性の尊重による利益相反や矛盾
2. 新型コロナウィルス等の感染拡大
3. AI をはじめとする技術革新
4. 日本における人口減少・少子高齢社会と働き方・学び方の変化

前章で見てきたように、ネガティブ・ケイパビリティ的なものの重要性は昔からいわれています。しかし、キーツやキーツに関連したシェイクスピア研究など、文学以外の領域では、ネガティブ・ケイパビリティという言葉では語られていませんでした。この言葉が頻繁に登場するようになったのは、キーツの研究家であるアメリカの文学評論家ベイト（ウォルター・ジャクソン・ベイト：1918 ～ 1999 年）が過去に表した『ネガティブ・ケイパビリティ：キーツの直感的アプローチ』が 2012 年に再版されてからです。それ以降、他の多くの領域においても取り沙汰されるようになりました。そこにはどのような時代背景があるのでしょうか。

　今の社会は環境変化が激しく、かつ多くの事象が影響し合っていて、「こうすればいい」という明確な行動指針が見つけにくくなっています。それでも答えのない不安に耐え、「本当はどうすればいいのだろうか」と疑念を持ちながらも、何らかの意思決定をして行動していかなければならないのです。人類は有史以来、予測困難で制御しがたい出来事に対応してきたともいえます。しかし現代は、それがいままでより急激で、大規模に、連続して起こっているのです。

　ここではその環境変化について、いくつかのトピックスに分けて紹介していきます。これらの事象は単独で発生しているのではなく、相互に関係し合っており、それぞれの状況が変化していきます。

　以下、予測や制御が困難な事象や出来事の代表例として、

1. 多様性の尊重による利益相反や矛盾
2. 新型コロナウィルス（COVID-19）などの感染拡大
3. AI をはじめとする技術革新
4. 日本における人口減少・少子高齢社会と働き方・学び方の変化

について述べていきます。人々は寿命や働く期間が延長していく中で、長期にわたりこういった環境変化に対処していくことが求められているのです。

図表 2-1　ネガティブ・ケイパビリティが必要とされる時代背景

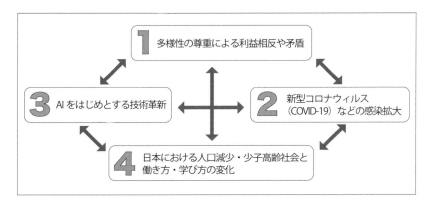

# 1 多様性の尊重による利益相反や矛盾

　個人、組織、社会のいずれにおいても、これまでのデータや前例、合理性、多数決による判断では対応できないテーマが多くなっています。世界中を見渡しても、キャッチアップすべき万人共通の成功モデルを見つけることはできません。これまで多くの人の生き方の共通解とされてきた「経済的豊かさ ＝ 幸福」も大きく揺らいでいます。むしろ経済合理性に反してでも、将来の社会や地球環境を見据えた取組みや、それに沿った生き方に価値を置く人も増えています。

　社会のマジョリティを占める大人たちが構成してきた「良い人生」「幸せな人生」に疑問や否定を感じているのです。もちろん、ここでは経済的豊かさを求める生き方についての是非を述べているのではありません。これまでのように、社会情勢や個人の置かれた状況により、それが最優先になることもあるでしょう。経済的な自立は自分らしく

生きていくうえでの基盤であり、とても大事なことです。ここでお伝えしたいのは、この経済的豊かさというテーマだけでなく、多くの現代社会の課題について、賛否、善悪といった単純な二項対立があるのではないということです。個人の意見は二項（時には、もっと多くの項）を極としたグラデーションの間にあり、しかも時と場合、条件などによって変わります。

　一度どこかに立ち位置を決めたとしても、ずっとその答えだけに固執するのではなく、仮置きの答えとして、時折「これは本当に自分の意見か」「今も本当に自分が望むことか」と問いかけてほしいのです。仮置きした答えでは、それに沿った行動はとりにくいかもしれません。しかし、環境が大きく早く変化するなかでは、いったん出した答えを必要に応じて、修正しながら適応していくことが必要なのです。

　世界的な課題として有名なSDGsの17の目標＊6においても、それぞれにシナジーや補完関係もありますが、貧困や飢餓の解消、環境保全、経済成長などは、あっちを立てればこっちが立たずのジレンマ、トリレンマを抱えています。それぞれの国や地域の歴史、経済、政治、文化、人口などの違いにより、「望ましい」と考える世界は異なるのです。多様性の尊重という以上、一部の先進国が一方的に決めることはできませんし、もちろん思考停止になって何もしないわけにはいきません。それぞれが考え続け、対話を続けながら、希望を捨てずに少しずつでも進んでいくことが必要なのではないでしょうか。

　結論を急ぎ、多数派の理屈で、少数派の多様な意見を否定したり無視したり否定したりすると、された側の不満や怒りが高まって争いが起こりかねません。そして発生した1つの争いは、それぞれの関係者を巻き込んで拡大してしまうのです。

　ロシアとウクライナや中東における国や地域間の紛争は、それぞれの国や民族が持っている信念や価値観のぶつかり合いです。そこでは「自分たちを尊重し他方を否定せよ」と叫び、多様性を否定し合って

います。それでは争いは止むことなく続いてしまいます。一方が軍事的に勝ったとしても、怨恨は時と場所を越え連鎖していくのです。このような多くの関係者が絡む複雑な課題に対しては、いったん立ち止まって冷静になり、少数意見も含め尊重し合うべきなのです。長期的な視点を持って軍事力などの力を行使する誘惑に耐えて、じっくり対話をしながら解決への糸口を探っていくことが大切です。

　一方、多様な意見が尊重される社会では、自分の意見を持つことが求められます。意見がなければ対話も難しくなってしまいます。ところが、これまでの常識や他者の意見ではなく、自分としての意見をまとめ、それに責任を持つことは、心細く、強い不安やストレスが伴います。「答え」を権威者などから取り込む方がラクなので、ついそれに従いそうになってしまいます。しかし、そうならないように耐えながら持論をつくっていく必要があります。

　多様性が尊重される社会は、私たちに「あなたは何をよしとするのか」「あなたは自分や社会に何を望むのか」を問いかけてきます。私たちは大きな環境変化が続く中で、繰り返しこれらのことを考えることになるのです。

---

＊6：貧困をなくそう、2.飢餓をゼロに、3.すべての人に健康と福祉を、4.質の高い教育をみんなに、5.ジェンダー平等を実現しよう、6.安全な水とトイレを世界中に、7.エネルギーをみんなに。そしてクリーンに、8.働きがいも経済成長も、9.産業と技術革新の基盤を作ろう、10.人や国の不平等をなくそう、11.住み続けられるまちづくりを、12.つくる責任、つかう責任、13.気候変動に具体的な対策を、14.海の豊かさを守ろう、15.陸の豊かさも守ろう、16.平和と公正をすべての人に、17.パートナーシップで目標を達成しよう

## 2 ｜ 新型コロナウィルス (COVID-19) などの感染拡大

　ネガティブ・ケイパビリティという言葉がマスコミなどで多く取り上げられるようになったきっかけとして、新型コロナウィルスの感染拡大があります。新型コロナウィルスは急激に拡大し、予測も制御も不能で、沈静化する兆しが見えず、むしろ事態が悪化する状況が続きました。そして人々の間には、同様のことが「今後、何度も起こる」という認識が定着しました。ネガティブ・ケイパビリティとは、そのような状況下で持ちこたえる力として取り上げられることが多くなったのです。

　コロナ禍の影響は、業種や職種によって大きな違いが出ました。労働環境が苛酷になった職種もある一方で、一気に在宅労働にシフトして働きやすくなった職種もあります。加えて、それぞれが所属する国・地域、文化圏、組織による意識の差、対応の違いも顕著になりました。求めても明確な答えは提示されず、自分ではどうしようもなく、状況が好転する兆しが見えない中で、そこに留まり続け、どう生活していくか考え続けなければならなかったのです。とくに支援職は、先が見えない中で日々目の前の対象者に向かい合わなければなりませんでした。

　政府からのガイドラインが出てからは、それにただ従うだけという人も多かったのではないでしょうか。しかし、刻々と変化（悪化）する感染状況の中で、マスク、ワクチン、外出、他者との会話や接触などの是非、頻度や程度について、「自分はどうするのか」を決めなければならない立場に置かれた人も多かったでしょう。日々「自分はどうするのか」を考え続けなければならなかったのです。

そのような状況で自分で決めることは苦しくつらいことでした。自分以外の権威者に「決めてくれ」と「答え」を求める気持ちになるのは無理もありません。国の指針や周囲の人のアドバイスはあったとしても、最終的に「自分がどうしたらいいのか」については、自分で考えなければならないのです。そして、いったん答えが出たように思えても、環境も自分も変わるものであり、その時々でずっと考え続けていくことになるのです。まさに答えが見えない中で、性急に答えを求めず、踏みとどまって考え続け、ジタバタと試行錯誤していくことが求められるのです。

## 3 AIをはじめとする技術革新

AIなどの革新的な進歩は、多方面で大きな変化をもたらしています。職業の世界では、「なくなる仕事 ― 新たに生まれる仕事」「ニーズが高まり高待遇になる仕事 ― 誰にでもできる仕事とされ低い待遇に留まる仕事」などの選別が進んでいます。雇用の安定性や処遇の良さという基準の中で、職業の入替え戦が起こっています。

大げさにいえば、人類にとって「価値ある知識とは何か」が問われ、個人には「これからの社会で本当に学ぶべきものは何か」が問われています。ChatGPTをはじめとするAIは、これまでに蓄えられた既存の知識やこれまでに観察された現象をもとにした課題解決は極めて得意です。AIの活用が進めば、既存のデータや知識、理論やフレームワークを用いるだけの知的労働は必要とされなくなっていくでしょう。一方で、たくさんの予測しにくい変数がある人間の感情を扱う仕事などは、AIのアシストは有効ではあっても、決定的な部分は当面人間が

**43**

担うことになりそうです。

　人の感情は単純ではありません。その人固有の記憶、体調、外部からの刺激などによって移ろいやすく、複数の感情、時に相反する感情が入り交じっています。厳密にいうと、同じ人でもまったく同じ感情というものは現れません。喜び、怒り、悲しみ、寂しさ、楽しさなどさまざまな感情が同時に動き、濃淡を変化させながら保有されています。人は喜びながら寂しさを感じ、怒りながら悲しむのです。感情とは、それだけ個別性が高く再現性がないものです。AI は現時点までに集積されたビッグデータを元に最適解を導くことはできますが、外れ値を扱うのは苦手です。個別性で再現性のない感情は、これまでのデータにない外れ値といえるかもしれません。

　感情を持った人間を理解しようとするには、「あの人は怒りっぽい」「寂しがり屋だ」などと、一色でわかりやすく表現することをせず、曖昧で複雑で葛藤を含んだ変わりやすい存在として捉えようとすることが大事です。

　感情労働である対人支援の仕事は、AI を活用しながらも、その場その場での判断にあたっては、対象者を固有で尊厳ある存在と認識し、常識や前例を当てはめることには慎重であるべきなのです。そして支援結果のいかんに関わらず「このやり方でよかったのか」「もっとよいやり方があったのではないか」と問い続ける姿勢が必要です。

## 4 | 日本における人口減少・少子高齢社会と働き方・学び方の変化

　わが国では、これまで述べたような環境変化と急激な人口減少に対応するために、企業にはジョブ型雇用[*7]を、国民には「学び直し」「リスキリング[*8]」を強く勧めています。ここからは日本の状況を見ていきましょう。

　日本の人口は、2022年1月〜2023年1月の1年間に約80万人減少しました。これは福井県や徳島県が丸々消滅しているほどの数です。日本の人口がピーク（12,777万人）だった2005年と比べ、2050年の予測は総人口で3,500万人減少し、逆に65歳以上の高齢者は1,200万人増加すると予想されています。それに伴って単独世帯が増加し、2050年には全世帯の4割になり、その中の高齢者の単独世帯は半数を超えるとされています。労働力不足はさらに顕著になり、現役世代が支える高齢者の数は増えていきます（2050年では65歳以上の高齢者1人を、15〜64歳の現役世代1.424人で支えることになります）[*9]。

　これらは各方面でいわれているので詳しくは述べませんが、これほど少子高齢化のスピードが速い国はありません。これからの日本に

---

*7：人材を採用する際にあらかじめ設定された職務記述書（ジョブディスクリプション）、評価基準、給与体系などを明確に定義して、労使で合意された雇用契約を結び、労働時間ではなく職務や役割で評価する雇用の仕方
*8：主に企業の従業員が、今後必要とされる仕事へ移行するために学び直すこと。仕事から離れずに、業務と並行しながら必要なスキルを身につけること。一方「リカレント教育」は、仕事から離れて、大学などの教育機関で学ぶことを指す。多くの場合、業務と関係の薄い従業員の自己啓発も含む。
*9：令和4年版高齢社会白書（全体版）1.高齢化の現状と将来像

とって国づくりのモデルになる国はないのです。むしろ、これから少子高齢化が進む国々は、自国の参考にしようと日本の行く末に関心を持って見ています。

　経済発展、社会保障システム維持、財政健全化などについて、政府が打ち出す政策に盲目的に従うでもなく、やみくもに反対するでもなく、国民1人ひとりが当事者として考えるべきなのです。

　何度か述べているように、ネガティブ・ケイパビリティは、現状や課題に対して思考停止になることや、諦めて何もせず、なすがままになることを意味していません。先が見えないどころか、人口減少、少子高齢化がますます進行する中でも、政治、経済、外交、国防、教育、福祉、環境、食糧、治安などについてどうしたらいいのか、自分に何ができるのかを考え続ける必要があるのです。

## ① 日本人の働き方の変化

　人口減少は、当然労働力の減少も引き起こしています。経済発展を前提とした場合の対策としては、外国人労働力の受け入れ、活用し切れていない労働力（女性、シニア、障害者、難病患者など）の労働市場への参加、既存労働力の生産性向上などが考えられます。とくに、ホワイトカラーの生産性向上は、労働力の減少がなくても、日本の課題として指摘されてきました。

　生産性向上には、設備投資やAIをはじめとするIT技術の活用、処遇改善による労働意欲の向上、個々の労働者のスキルアップはもちろん、労働者の事情や考え方に合わせた職場環境の整備、多様な働き方の推進があります。国レベルの取組みとしては、国内労働力の適材適所への配置、それに向けた労働移動を実現することです。厚生労働省、経済産業省をはじめ、政府や自治体はこれらを後押しする政策を矢継ぎ早に打っています。

　最近わが国では、人的資本経営＊10が提唱され、組織にとっても個人にとって働きやすい職場をつくることが、多様な働き手を動機付け、生産性向上につながるとの考えが定着してきています。

　この流れで取り組まれているのが、労働者の学び直しやリスキリング、多様な働き方の推進であり、担当業務を明確にして労働契約を行うジョブ型雇用の普及促進です。ジョブ型雇用では、「何ができればどういうポストにつけるか、どういう処遇になるか」が明らかになり、社内、社外問わず労働移動が円滑化するとされているのです。

　しかし、ここで大事なのは、労働者の3分の1以上を占める非正規労働者を、この取組みの対象として取り込んでいくことです。それには生産性向上だけではない大きな意味があります。非正規労働者は女性、中小企業、飲食・サービス業、定型業務事務職、コンビニやスーパーのレジ職など特定の属性や職業領域に偏在しています。そしてこれらの労働者は、在宅勤務など多様な働き方の恩恵にあずかれない層と重なっています。

　一方で、大企業や公務員の正規雇用ホワイトカラーでは、基本的に日本型雇用（終身雇用、年功賃金、企業別労働組合）は維持されており、比較的安定した高収入が保証されています。そして在宅勤務や副業など多様な働き方が普及してきています。

　これら2層は相互乗入れが少なく分断されています。雇用が不安定で低収入な家では、子どもをもうけようとしないか、もうけたとしても教育に十分な投資ができず、世代を超えて格差が固定してしまうのです。

　先に述べたAIなどの技術革新を受けた職業間の入替え戦も起きて

---

＊10：人材を「資本」として捉え、企業を支える人材の能力や経験、意欲を高めるべく、投資を行い、その価値を最大限に引き出すことで、中長期的な企業価値向上につなげる経営手法

いる中で、人は「いかにしたら安定した収入を確保して暮らせるか」から「どうしたら自分らしく満足して働けるか」までを考えたキャリア選択に直面し続けるのです。

## ② 日本における学びの変化

　日本の教育界では、知識を蓄えることの重要性が薄れ、自ら課題を見つけそれに取り組む力や、多くの教科にまたがる複雑な課題への対応力、そもそも正解がない課題に取り組む力（合意形成の力）などが求められるようになっています。学習指導要領も、キャリア教育や総合的な探究学習の時間で、それらの力を育むことを定めています。大学受験もその方向に沿った「総合型選抜＊11」が拡大し、多様な入学ルートが設けられています。

　しかしながら、偏差値偏重の教育も根強く残っています。それを嫌い、海外の大学へ進学する高校生や、それを推奨する保護者が増えています。中には比較的低廉な学費で質の高い教育をオンラインで提供し、校舎を持たず、複数の国でプロジェクトに参加して学ぶという、まったく新しい教育を行うミネルバ大学へ進学する若者もいます。国内でも同様に固定されたキャンパスを持たず、現場での学びを重視した教育を提供するインフィニティ国際学院など、学校教育法の１条に定められた、いわゆる正規の学校ではない教育機関で学ぶ生徒が増えています。また、通信制高校は以前の問題のある生徒の進路というイメージがなくなり、多くの中学生の進学先となっています。

　このようなITを活用した学びは、学校教育だけでなく社会人の学び方も大きく変えました。対面の学びに加え、リアルタイム通信やオンデマンド配信、それらをミックスしたハイフレックスな学びの場が提供されるようになり、時間や場所を選ばず学べる環境が整ってきました。

　進路の先にある職業の世界では、新卒で就職してそこで定年まで働

きリタイアするといった単線型の働き方は珍しくなりました。長期にわたって安定した雇用と報酬を保証してくれる職場はほとんどありません。そうなると、個人から見ても定年まで一社に居続けることは、むしろその会社でしか通用しない人材になりかねないリスクをはらんでいます。雇用形態も兼業や副業が許容・推奨され、起業やフリーランスという道も含めて多様な働き方を選ぶことができます。

　人生100年時代といわれるように、社会の中で、仕事をはじめ何らかの役割を担う期間が長期化しています。長期間にわたって仕事を続けるためには、環境変化に合わせて必要なスキルを身につけるための学びを続けていく必要があります。これまではメンバーシップ型の働き方のなかで、所属する企業で通用するスキルを身につけることが、雇用を安定させるために有効でした。しかし大きく変化するこれからの時代は、他社でも通用する職種や業務ごとの高い専門性を身につけることが雇用の安定に有効になります。

　ところが、国の教育訓練給付や企業の自己啓発支援制度は、「これを学びたい」と学ぶ領域を決めた人への支援が中心です。「何を目指せばいいのかわからない」「そのために何を学べばいいのかわからない」という人への支援制度は十分ではありません。

　官庁や大企業中心に企業型メンバーシップの働き方が長い間続き、所属組織に留まることが前提だったため、そして大学や大学院といった高等教育機関が実践的な学びを十分に提供できていなかったため、わが国の大学院進学率はOECD加盟国の中でも下位に沈んだままです。いったん社会に出てから、高等教育機関で学ぶ人の割合もずっと

---

＊11：詳細な書類審査と時間をかけた丁寧な面接（小論文など、プレゼンテーション、口頭試問、実技、各教科・科目にかかわるテスト、資格・検定試験の成績など）を組み合わせることによって、入学志願者の能力・適性や学習に対する意欲、目的意識などを総合的に評価・判定する入試方法。18歳人口の減少による定員割れを防ぐための受験生の早期囲い込みに使われているとの指摘もある

低いままです。多様な学びの場が用意され、学びを支援する制度なども充実してきているにもかかわらず、「何のために何を学ぶか」を決められないでいる人が大勢いるのです。

　これからの社会で働き続けるためには、これまで求められてきた協調性やコミュニケーション力に加え、高い専門性とその維持向上が必要です。環境変化の中で自分の強みとなる専門領域を定め、さらにそれを伸ばすべく学んでいくのは簡単ではありません。1人ひとりが学びたいこと、学ぶべきことを探索し、実際に新たな学びに踏み出すことと、その経験が自分にとってどんな意味があったのかという振り返りをし続けていくことが求められています。

# 5 4つの事象の相互作用とネガティブ・ケイパビリティ

　「多様性の尊重による利益相反や矛盾」「新型コロナウィルス（COVID-19）などの感染拡大」「AIなどの技術革新」「日本における人口減少・少子高齢社会と働き方・学び方の変化」は相互に関係し合って、ネガティブ・ケイパビリティが必要とされる課題が生まれています。それぞれが関係するところに発生している課題を図表2-2に簡単にまとめてみました。

　これを見ると、それぞれの立場で「正しい」と考える意見が複雑にぶつかり合っています。こうした状況に対処するためには、これまでの常識や前例で即断することは大きなリスクがあります。冷静になって時間をかけて多角的な視点から考えること、そして、いったん下した判断も環境変化に応じて再検討する姿勢、まさにネガティブ・ケイパビリティが大事になっているのではないでしょうか。

図表 2-2　4 つの事象の相互作用から生まれた課題

| 多様性の尊重による<br>利益相反や矛盾 | × | 新型コロナウィルス<br>（COVID-19）などの感染拡大 |

➡ ○コロナに対する認識や対応の多様さ<br>○地域や職種による影響の格差

| 多様性の尊重による<br>利益相反や矛盾 | × | AI をはじめとする<br>技術革新 |

➡ ○AI に対するスタンス（受入れ度合い、拒否感）の違い<br>○職業へのプラスマイナスの影響とその多様さ

| 多様性の尊重による<br>利益相反や矛盾 | × | 日本における人口減少・少子高齢<br>社会と働き方・学び方の変化 |

➡ ○年齢階層や雇用形態による社会保障など、重点的に取<br>　り組む政策（予算配分）に対する意見の相違<br>○生活が守られている正規雇用者と保障が脆弱な非正規<br>　雇用者の分断

| 新型コロナウィルス<br>（COVID-19）の感染拡大 | × | AI をはじめとする<br>技術革新 |

➡ ○前例のない出来事に対する AI の予測の限界、誤った情報や偏っ<br>　た前例の影響<br>○ネットワーク上にもあるウィルス感染という問題

| 新型コロナウィルス<br>（COVID-19）の感染拡大 | × | 日本における人口減少・少子高齢<br>社会と働き方・学び方の変化 |

➡ ○高齢者など多数派層優先のコロナ対策（優先度）<br>　への他層の不満<br>○職業や所得によるプラスマイナスの影響の違い

| AI をはじめとする<br>技術革新 | × | 日本における人口減少・少子高齢<br>社会と働き方・学び方の変化 |

➡ ○高齢者などの IT スキルのない人、経済困窮者など身につけた<br>　くてもその余裕がない人が置き去り<br>○IT 関連の職業は不足が明確なのにもかかわらず、学び続ける<br>　社会人が増えず高度専門人材は不足

第2章　ネガティブ・ケイパビリティが必要になっている時代背景

# 第 3 章

## 対人支援と
## ネガティブ・ケイパビリティ

●この章でお伝えすること●

1. 対人支援職とは
2. 対象者以外のステークホルダーの影響
3. 対人支援職の人間観
4. 人を理解するとは

# 1 対人支援職の定義と特徴

　どのような仕事も、最終的には人の役に立っているから存在しているといえますが、その中でも対人支援の仕事は次のように定義できそうです。

**「個人や人の集団のさまざまな困難や課題、あるいは潜在的な「（大きな不満はないものの）もっとこうできたらいいのに」という要望に対し、専門的な知識やスキルを駆使して直接的に援助する仕事」**

　対人支援業務の特徴としては、以下のようなものがあります。

- 主に心理的、社会的、身体的な課題や困難を抱える人々に対して、生活の質を維持、向上させるための専門的な援助を提供する
- 専門的援助としては、支援関係（対象者が安心して支援を受けられる関係性）の構築、治療・施術・知識・スキル・アドバイス、リソース（人、組織・機関、道具、金銭など）の提供、ケースマネジメント*12 など、さまざまな方法がある
- 専門性を活用して、対象者の状況に合わせた適切な支援プランを策定する
- 対象者のニーズや目標に合わせて、個別化、最適化したアプローチを採用する
- 対象者にエンパワーメントを促し、最終的には対象者が自己決定を行い、自己成長を遂げるようなサポートを提供する
- 守秘義務など各職種における倫理的なガイドラインを守る
- 社会的な公正や平等を考慮し、対象者の権利や多様性を尊重する
- 対象者以外の重要な第三者、ステークホルダーの意向も考慮に入れる
- 自分の支援の質を向上させるため、自己研鑽を継続する

## 2 ┃ 職業分類から見た対人支援職

　職業分類全体の中で対人支援職がどのように分類されるのかについて、アメリカの職業心理学者ホランド（ジョン・L・ホランド：1919～2008年）とプレディガー（D・J・プレディガー：生没年不詳）の考え方を参考にしてみていきましょう。この考え方の発祥はアメリカですが、日本をはじめ各国で職業適性検査などに活用されています。

### ① ホランドの人と職業の6つの分類方法

　ホランドは第二次世界大戦でアメリカ陸軍に所属し、兵を適材適所に配置する仕事に従事しました。そこで得られた知見から人と職業（働く環境）の適合度に関する規則性に気付き、それを体系化しました。それは、人は遺伝の影響を受けながらも、環境との相互作用の中で世の中での身の処し方、課題への対処の仕方を学習してきているという考えをベースに、人も職業も同じような6つの特性で表現できるというものです。そして人と職業が、同じ特性をもったもの同士でマッチングすると、人と仕事の良好な相互作用が起き、高い成果が出やすく、また人の満足度も高まるとしました。この考え方は類型論的・交互作用的理論と呼ばれています。

　ホランドは6つのタイプは相互に関連しており、その関係の深さ

---

＊12：地域社会のなかでサービスを提供する際に、利用者の生活全般にわたるニーズと、公私にわたるさまざまな社会資源との間に立って、複数のサービスを適切に結び付け、関係者と調整を図りつつ、包括的かつ継続的にサービスの供給を確保する機能

は六角形を使って空間的に表現できるとしました。六角形の角に配置されたタイプの類似性は、タイプ間の距離と相関があるということです。これらのホランドの考えをもとにつくられた職業適性検査は、6つの特性の強弱の程度で人と職業の適合度を測っています。

　ホランドが挙げた6つのタイプを図表3-1に、その六角形を図表3-2に示します。

　ホランドは、人も職業もこれら6つの特性の適合度の上位3つの組合わせで表することができるとしています。たとえば、保育士はS・A・E、建設作業員はR・S・I/E（3番目が2つ）、電車運転士はR・S・Iといった具合です。この3つ並んだアルファベットはスリーレターコードと呼ばれ、人と職業のスリーレターコードが同じか似ている組

図表3-1　ホランドの人と職業の6つのタイプ

| コード | タイプ | 人の特徴 | 職業の特徴 |
|---|---|---|---|
| E | 企業的<br>Enterprising | 意欲的、社交的、野心家<br>経済的業績に価値を置く | 人の管理、説得など、他者に影響を与える活動、意図を持って目標に向かう仕事 |
| C | 慣習的<br>Conventional | 粘り強い、緻密、堅実<br>正確性と効率性に価値を置く | 資料やデータを系統的、秩序的、体系的に扱い正確に処理する仕事 |
| R | 現実的<br>Realistic | 手先の器用さ、技術力<br>物理的に確認できること、実利性に価値を置く | 組立、機械や道具の操作、修理など手指、道具、機械など物を扱う仕事 |
| I | 研究的<br>Investigative | 好奇心、探求心、分析力<br>科学的であることに価値を置く | 科学的、文化的現象などを対象とした物事の本質や構造、仕組みを解き明かす活動 |
| A | 芸術的<br>Artistic | 感受性、直感的、創造性<br>形のないものも含め美的なものに価値を置く | 言語、美術、音楽など独自の感情や美的感性を表現する、あいまいで自由な活動 |
| S | 社会的<br>Social | 親切、寛容、共感的<br>人の役に立つこと、人を支えることに価値を置く | 人に共感する、人を助ける・教えるなど、人を支え人のために関わる活動 |

株式会社日本マンパワー CPS-J 活用マニュアルを参考に筆者作成

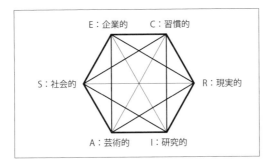

図表3-2　6つのタイプの六角形

E：企業的　C：習慣的

S：社会的　　　　　R：現実的

A：芸術的　I：研究的

合わせだと適合度が高まるとされています。この考え方は1980年代に提唱されたものですが、現在に至るまで職業適性検査で広く使われています。

## ② プレディガーのワークタスクディメンジョン

　ホランドの研究を継承した職業心理学者プレディガーは、職業が扱う対象として「人」「もの」「データ」「アイデア」の4つをあげました。そしてそれを「人」と「もの」の軸、「データ」と「アイデア」の軸の2軸、それをかけ合わせた4象限で表現し、ワークタスクディメンジョン（図表3-3）としました。

　ホランドとプレディガーの考えを統合し、23の職業群を配置したものが、図表3-4のワールド・オブ・ワークマップです。対人的な仕事というとホランドタイプのEとSですが、ワークタスクでいうとEは人だけでなくデータも扱います。データや情報を駆使しながら相手に影響を与え、自分の意図する方向への変化を企図した活動です。それに対し、Sはあくまで相手中心の活動で、相手が望む方向へ進めるようにかかわります。したがって、この図でSに近いところに配置されているジョブ・ファミリー（Sが一番初めに来るスリーレターコー

| 対人業務 | 援助・説得・動機づけ・指示などの人を扱う業務 |
|---|---|
| 対物業務 | 工作・修理・製造・輸送などのモノを扱う業務 |
| 対データ業務 | 記録を検証したり、具体的な事実やデータを体系化したりする業務 |
| 対アイデア業務 | 創造・発見・解釈など頭の中で抽象的なことを考える業務 |

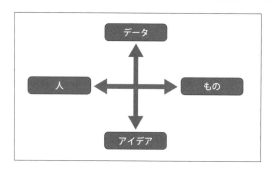

株式会社日本マンパワー CPS-J 活用マニュアルより

ドを持っている職業）が対人支援職といえるでしょう。

　具体的な対人支援職は「はじめに」のところであげてありますが、代表的な領域は医療、福祉、教育などです。

図表 3-4　ワールド・オブ・ワークマップ

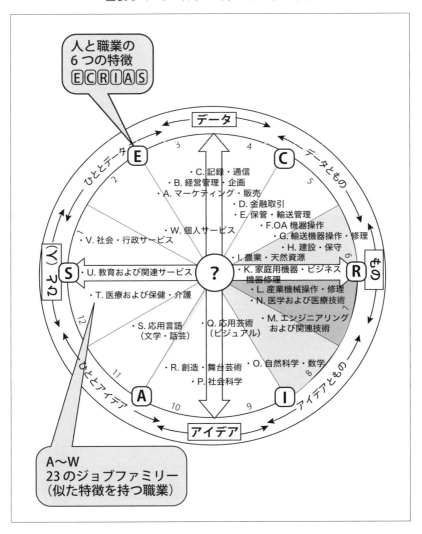

人と職業の
6つの特徴
ECRIAS

A〜W
23のジョブファミリー
（似た特徴を持つ職業）

・C. 記録・通信
・B. 経営管理・企画
・A. マーケティング・販売
・D. 金融取引
・E. 保管・輸送管理
・F. OA 機器操作
・G. 輸送機器操作・修理
・H. 建設・保守
・W. 個人サービス
・V. 社会・行政サービス
・I. 農業・天然資源
・U. 教育および関連サービス
・K. 家庭用機器・ビジネス機器修理
・L. 産業機械操作・修理
・N. 医学および医療技術
・T. 医療および保健・介護
・M. エンジニアリングおよび関連技術
・S. 応用言語（文学・話芸）
・Q. 応用芸術（ビジュアル）
・R. 創造・舞台芸術
・O. 自然科学・数学
・P. 社会科学

データ
ひととデータ
データともの
ひと（Y）
もの（R）
ひととアイデア
アイデアともの
アイデア

株式会社日本マンパワー CPS-J 活用マニュアルより

図表 3-5　ジョブ・ファミリーに含まれる仕事の分野

| ジョブ・ファミリー | 仕事の分野 |
|---|---|
| A マーケティング・販売 | 営業の仕事 |
| | 販売の仕事 |
| | マーケティングの仕事 |
| | 対人サービスの仕事 |
| B 経営管理・企画 | 管理職（部次長以上）の仕事 |
| | サービス（マネージャ・店長）の仕事 |
| | 企画の仕事 |
| | 広報・広告の仕事 |
| | 人事の仕事 |
| | 労務・厚生の仕事 |
| | 教育の仕事 |
| | 政治の仕事 |
| C 記録・通信 | 一般事務の仕事 |
| | 秘書・受付の仕事 |
| | 専門事務の仕事 |
| | 記録の仕事 |
| D 金融取引 | 経理・会計の仕事 |
| | 保険事務の仕事 |
| | 財務の仕事 |
| | 税務の仕事 |
| | 資金運用の仕事 |
| E 保管・輸送管理 | 物流管理・情報システムの仕事 |
| | 運行管理の仕事 |
| | 倉庫管理の仕事 |
| F OA 機器操作 | ビジネス機器操作の仕事 |
| G 輸送機械操作・修理 | 旅客輸送（陸運）の仕事 |
| | 貨物輸送の仕事 |
| | 整備の仕事 |
| | 旅客輸送（空運・海運）の仕事 |
| H 建設・保守 | 建設の仕事 |
| | 電気・機械設備保守・管理の仕事 |
| I 農業・天然資源 | 動植物の採取・飼育・栽培の仕事 |
| | 動植物の取扱い・管理の仕事 |
| | 環境保護の仕事 |
| J 工芸および関連サービス | 飲食の仕事 |
| | 衣服の仕事 |
| | 製図・インテリアの仕事 |
| | 修理の仕事 |
| | 手工芸の仕事 |

| ジョブ・ファミリー | 仕事の分野 |
|---|---|
| K 家庭用機器・ビジネス機器修理 | 家電修理の仕事 |
| | 通信保全の仕事 |
| L 産業機械操作・修理 | 産業機械の運転・操作の仕事 |
| | 機械修理・保守の仕事 |
| | 熟練工の仕事 |
| | 生産工程の仕事 |
| M エンジニアリングおよび関連技術 | 情報処理技術の仕事 |
| | 開発・設計の仕事 |
| | 建築・土木の仕事 |
| | 測量・分析の仕事 |
| N 医学および医療技術 | 医療技術の仕事 |
| | 医学の仕事 |
| | 薬剤サービスの仕事 |
| O 自然科学・数学 | 自然科学研究の仕事 |
| | 数学の仕事 |
| P 社会科学 | 社会研究の仕事 |
| Q 応用芸術 ( ビジュアル ) | ファッションの仕事 |
| | インテリアの仕事 |
| | 建築家の仕事 |
| | 映像の仕事 |
| | イラストの仕事 |
| R 創造・舞台芸術 | タレントの仕事 |
| | 演出の仕事 |
| S 応用言語 ( 文学・話芸 ) | 広告デザインの仕事 |
| | 法務の仕事 |
| | 著述・編集・報道の仕事 |
| T 医療および保健・介護 | 保健医療の仕事 |
| | 指導・援助の仕事 |
| | 介護サービスの仕事 |
| U 教育および関連サービス | 学校教育の仕事 |
| | 個人教育の指導 |
| | ビジネス教育の仕事 |
| V 社会・行政サービス | 公務の仕事 |
| | 福祉の仕事 |
| | 保安の仕事 |
| W 個人サービス | 飲食サービスの仕事 |
| | 理・美容の仕事 |
| | 私的サービスの仕事 |

株式会社日本マンパワー CPS-J 活用マニュアルより

### ③ 対人支援職のマッピング

　では、次に対人支援職の中で分類を試みます。ここでは、支援期間の長短と、対象者の意向中心か支援職の意向中心かで軸をつくります。支援職の意向中心というのは、支援職が好き勝手にかかわるということではなく、支援領域に関する豊富な知識や経験、高い専門性を持ち、それを活用して対象者にかかわることです。

　近年は、そうした高い専門性を持った支援職であっても、対象者の意向を尊重するかかわりが増えてきています。とくに支援職と対象者の関係が長期にわたる支援になると、対象者も支援される領域に関する知識や経験からの学びが増えて知見の偏りが解消され、対象者の意向を重視した支援にならざるを得ない傾向があります。医療や教育の領域でも、医師や教員などの支援職が一方的に指示や指導する形から、できるだけ対象者の意向を尊重し、支援の場（治療や学び）に参加してもらうようなかかわりが求められています。

　しかし、そのことが支援職側の負担を増大させてしまう面があります。個々のニーズに合わせた丁寧で時間をかける支援には、多大な手間や労力がかかることが多いからです。対人支援の現場に見られる労働環境の過酷さには、単純な人手不足ではなく、このような構造的な問題があります。また個別最適の支援にはお金もかかるので、対象者に求められる対価も高額になる傾向があります。

　そうなると、経済的な問題から支払えない（支援を受けられない）人も出てきます。このあたりは、国や自治体などの取組み、職域全体の工夫が必要になってきます。そして対象者側も、やみくもに個別のニーズを満たす要求をし過ぎないようにすることも考えてもらう必要がありそうです。

図表 3-6　対人支援職のマッピング

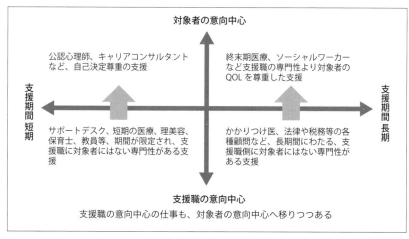

　この対人支援の難しさは、次で述べる対象者以外のステークホルダーの影響のところでも出てきます。

## ④ 対象者以外のステークホルダーの存在

　対象者の意向を尊重したかかわりが増えてきていると述べましたが、支援関係は支援職と対象者だけで構成されているのではありません。それぞれに関係するステークホルダーが存在します。それらステークホルダー間にも関係があり、さらにステークホルダーにもそれぞれ別の関係者がいます。

　ステークホルダーは、支援職、対象者それぞれに対し「こうしてほしい」「こうなってほしいという」意向を持っている場合がほとんどです。このステークホルダーの意向は、支援関係に影響を及ぼします。対象者や支援職が大事にしたいと思っている相手ほど、そしてそれぞれとの関係が深いほど、その意向を考慮に入れた支援になる可能性が高くなります。ステークホルダーは、対象者の支援に活用できるプラスの存在、資源でもありますが、時に対象者の意向や意思決定と相反

することもあります。

　ここでは、あくまでこういう場合があるという例として、図表3-7にいくつかあげてみます。いうまでもなく、個別の事情はこれらより複雑で多様です。

　代表的なステークホルダーとして、支援職には自分が所属する組織や発注者（支援の対価の支払元）がいます。ボランティアなどでやっている場合はともかく、支援活動を事業として行っている場合、その意向を無視することは困難です。対人支援といえども、組織や発注者は経済合理性を求めることが多いからです。

　組織や発注者は、より良い支援の提供をサポートしながらも、費用対効果を考え効率やコスト削減を求めてきます。そうなると、個別最適の支援というよりも、パターン化、定型化した支援、マニュアルに沿った支援になりがちです。

　支援職がその要求は対象者のプラスにならないと感じた場合、大きな葛藤が生まれ、強いストレスに晒されます。対象者の意向に沿って役に立ちたいと考えている支援職ほど苦しみが大きくなります。支援職は、この簡単には崩れない構造の中でも、最大限対象者が望むことを実現できるようかかわらなければなりません。そして大事なのは、あきらめて言いなりになることなく、組織や発注元に対する説得や、時には社会への発信をするなど、簡単に解決できないとわかっていても働きかけ続けることです。それが対象者にとって良い方向への変化が起こすかもしれないという希望をもつのです。

　一方、対象者にもステークホルダーが存在します。ここではその代表として家族を取り上げて、支援にかかる費用についての意見の相反を見てみましょう。仮に対象者は「いくらお金をかけてでも願いをかなえたい」と思っているとします。しかし家族は「できるだけ支援費用を抑えたい」ということがあります。またその逆に、家族は「いくらでもおかけをかけてあげたい」と思っていても、対象者が「家族に

図表 3-7　支援職、対象者とステークホルダーの例

| 支援職 | 対象者 | 対象者自身のニーズ | 支援職のステークホルダー | 支援職のステークホルダーの意向 | 対象者のステークホルダー | 対象者のステークホルダーの意向 |
|---|---|---|---|---|---|---|
| 病院勤務医 | 患者 | 厳しい治療でも早く病気を治したい | 病院など雇用主 | 効率の良い医療の提供<br>コストダウン<br>患者からのよい評価 | 患者の家族 | 時間をかけてもしっかり治してほしい<br>できれば治療費を抑えたい |
| | | | 医師の家族 | 無理してほしくない<br>良い待遇の医療機関で働いてほしい | 生活支援など他の支援職 | 治療時間などに融通を聞かせてほしい<br>継続して担当してほしい |
| 介護職 | 利用者 | 長生きはしたいが苦しみたくない<br>家族に迷惑をかけたくない | 介護施設など雇用主 | 効率の良い介護の提供<br>コストダウン<br>支援職採用のための時間外勤務の抑制<br>利用者からの良い評判<br>定められたルールのもと介護サービスを提供すべき | 利用者の家族 | 自分は直接介護できないが、長生きしてほしい<br>厳しいリハビリにも取り組ませてほしい<br>状況に合わせて介護レベルを調整してほしい |
| 教員 | 生徒など | 人として成長したい<br>希望する上級学校に入りたい | 教育機関など雇用主 | 個別最適な教育情報や金融など新たな教育内容の提供<br>時間外労働の抑制など職場環境改善 | 生徒の保護者 | なるべく偏差値の高い上級学校へ入れるようにしてほしい<br>人間としても成長させてほしい |
| キャリアコンサルタント | 求人者など | 自分らしい働き方の実現<br>就職や職場適応 | 雇用主、発注者などキャリアコンサルティングの費用の負担者 | 就職決定者数の増加<br>離職者の減少<br>利用者の満足<br>福祉的就労の活用 | 家族 | 高待遇の有名企業に就職してほしい<br>安定した職業に定着してほしい<br>福祉的就労は避けたい |

迷惑をかけたくないので、あまりお金をかけたくない」と考えていることもあります。同じ対象者と家族という関係でも、意見の異同はさまざまなのです。

そして同時に、お互いを大事に思っていればこそ相手の気持ちもわかり、個人の中にも葛藤が生まれます。たとえば、家族なら「良い結果になるなら高額でも長期にわたる高度な支援を望むけれど、それが対象者自身を苦しませるならやめてほしい」というジレンマがあったり、対象者には「長期間苦しむのは嫌だけど、家族のために治療に耐えて治りたい」というジレンマがあったりします。このジレンマの状態やジレンマを引き起こしている対象者の考え方が課題そのものの場合や、課題解決を阻むものである場合も多く見られます。

これらに、支援職が持つ対象者の意思の尊重という倫理観や、支援職、対象者それぞれが所属する組織（会社）や、さらなる第三者の意向なども加わってくると、支援の現場はジレンマ、トリレンマどころではなくなります。

支援職は対象者の意思を第一に考え、それぞれのステークホルダーの意向を考慮に入れながら、相反する場合はそれらの間でバランスを取って支援し続けていくことになります。ときには、自らステークホルダーに働きかけるのはもちろん、対象者とステークホルダーを集めて対象者支援について話し合い、長期的な視点から支援の方向性や内容についての合意形成を図る必要も出てきます。対象者もそこに参加し、ステークホルダーの意向も踏まえたうえで自分の意思で支援計画に合意するのです。支援職にはそこで安心して意見が表明でき、十分な対話ができるような場をつくる姿勢やスキルも必要です。

そして、万一支援職のステークホルダーから対象者の意思を一切否定するような圧力があった場合には、誠意をもって言葉を尽くし、説得することが求められます。対象者の権利擁護、意思決定の尊重は、支援職の揺るがない倫理なのです。

また、支援費用をかけたくても経済的な問題からそれが叶わない
ケースや、支援制度や支援期間の対象外でそれらが活用できないケー
スもあります。もちろん、支援職はそれらの制約を解除できるよう取
り組むわけですが、それが岩盤のように感じられ、絶望感を味わうこ
ともあります。その絶望感の中でもあきらめることなく、自分の無力
感に耐えながら支援を続けなければなりません。

支援職には、このように誰の意見もその立場においてはもっともな
ものであって、何が答えかはまったくわからず、先が見えない状況に
耐える力、まさにネガティブ・ケイパビリティが必要なのです。

## ⑤ ステークホルダーがつくり出すネットワークと
## システム論的アプローチ

ここまで、支援職とステークホルダー、対象者とステークホルダー
のように主に二者関係を取り上げて述べましたが、対象者を取り巻く
人間関係は図表 3-8 で示したようにもっと複雑です。支援職と対象
者の両方に関係するステークホルダーがいたり、対象者に直接かかわ
るいわば 1 次ステークホルダーの外には、その 1 次ステークホルダー
とかかわる 2 次ステークホルダーが存在します。さらに各ステーク
ホルダーにも複数のステークホルダーとの関係があります。

このような入り組んだ人間関係のネットワークの中にいるのが対象
者なのです。さらに支援職は、対象者とかかわり始めた途端にその
ネットワークに組み込まれ、自身もネットワークから影響を受け、か
つネットワークに影響を与える存在になるのです。このネットワーク
のことをシステムと呼び、このシステムが問題や成果などを生み出し
ていると考えて問題解決を目指すことをシステム論的アプローチと呼
びます。

支援職がシステム論的アプローチを活用することは、多くの面で有

益です。まず大事なこととして、問題の原因を個人や二者関係だけに紐づけないという点があります。

たとえば、パワハラ問題が起きた部門があったとします。よくあるのは、その原因をパワハラする上司や、受けたとされる部下のふるまいに帰属させることです。関係性で見るとしても、せいぜい当事者の上司と部下二者間の相性の悪さまでくらいです。

システム論では、問題は人間個人に帰属するのではなく、その問題が発生している大きなシステムの中で起きていると考えます。当事者だけでなく、当事者を取り巻く人たちの関係がどうなっているかを見ていきます。

たとえば、このパワハラ問題の当事者である上司には、より大きな成果を求めるその上司の上司Aさん、その上には業績回復を焦って上司Aに圧力をかける社長Bさん、ライバル関係にある部門のマネージャーCさんがいたり、大きな出費が見込まれる家族からの昇進の期待などとの関係があるかもしれません。

また部下側にも、上司に反抗してもかわいがられている同期社員D

図表 3-8　複雑な人間関係

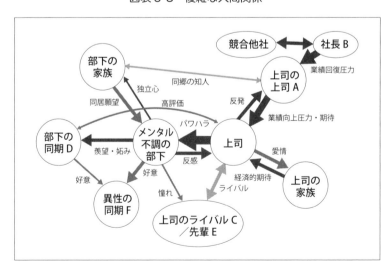

さん、好きなことをやって出世している先輩社員Eさん、思いを寄せている異性の同期社員Fさん、同居を望んでいる親などの関係があるかもしれません。

さらに、上司のライバルCさんが、部下から見て好きなことをやって出世している先輩社員Eさんと同一人物だったり、DさんもFさんに思いを寄せていて三角関係になっていたり、実はこの当事者の部下は上司の上司Aさんの縁故で入社していたりなど、当事者2人を取り巻く人間関係は複雑です。実際には、もっと多くの関係者が存在しその中に感情がうごめいています。「風が吹けば桶屋が儲かる」のように、一見関係のないところで起こった関係の揺らぎが、当事者2人の関係に影響を及ぼします。そしてもしこの部下の支援に乗り出すとしたら、支援職もこの複雑なシステムの一部に組み込まれるのです。

組織開発担当などの支援職は、直接当事者にかかわるだけでなく、自分自身も含めて当事者間の問題に影響を及ぼしているシステム全体にある相互作用に目を向け、どの関係を改善させることがこの問題の解決に効果的かを考え、試行錯誤しながら介入していくのです。支援職も複雑なシステムのなかで、1人だけで頑張るのではなく、複数の支援者やステークホルダーと連携、協力しながら継続的な支援を提供できるようになります。

問題の当事者だけに対する支援では問題解決につながらないことが多くあります。先ほどのパワハラの事案などでは、時に逆効果になり、パワハラがより陰湿になって続くこともあります。仮にこの上司が退職したとしても、システムがそのままならば後任者が同じような問題を起こすことにもなりかねません。

支援職は、このような図を使って当事者である部下の状況や悩みの構造を俯瞰的に見える化し、本人の気持ちの整理や、解決策について検討していきます。そしてそれだけでなく、この上司を含めて関係者と話し合うことが有効です。繰り返しますが、大事なのは、問題をこ

## 家族療法からのシステム論

　システム論的アプローチは、ルーツを家族療法に持っています。そこで、ここでは家族のケースでシステム論を見てみましょう。

　ある家族で、中学生の子ども X が不登校になっているケースです。この家族は、X から見て祖母（父の母）、共働きの両親の 4 人で構成されています。

　X は、毎日朝になると頭が痛い、おなかが痛いと言って学校に行こうとしません。学校が休みの休日などは元気です。かかりつけの医者の診察でも、そこから紹介された大病院の検査でも、どこも悪いところはないとのことです。母親は毎朝 X に学校に行くよう喚き散らします。父親は関心が薄く、「好きにさせたら」と突き放したような対応です。両親はこのことで、お互いに責任を擦り付け合って喧嘩が絶えません。X は両親が仕事に出た後、祖母とまったりと過ごしています。

　この家族は、X が生まれてすぐから共働きだったため、育児の手伝いで父の実家から祖母が来て一緒に住むようになり、それ以来祖母がずっと育児を担ってきました。X はいわゆるおばあちゃん子です。そして X が中学生になって手がかからなくなると、祖母と母親の折り合いが悪くなりました。母親は「X は中学生になったから、祖母を早く実家に帰してほしい」と父に訴え、父は祖父が亡くなったため「このままここにいてもらうしかない」と大声で日常的に口論をしています。こんななかで X は不登校になったのです。読者の

皆さんはどんなシステムが見えますか？

　Ｘは無意識に、自分が毎日学校に行って（手がかからなくなって）
しまうと「おばあちゃんが追い出されてしまう」と感じ取っていた
のです。中学に入っても、自分が手のかかる存在でいれば、家での
祖母の役割が残ります。

　したがって、学校に行かないＸをいくら叱っても、なだめすかし
てもうまくはいきません。また、うるさく言う母親や、父親の無関
心を変えようとしてもうまくいきません。介入のポイントは、母親
と祖母の関係改善だったのです。母親と祖母が心を通わせ、両親も
祖母と同居することについての口論をしなくなることで、Ｘは学校
に行くようになりました。

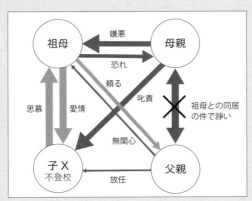

の上司など個人に紐づけて考えるのではなく、問題を起こすシステムが動いていると考えることです。

　こうしたケースでは、本人以外のステークホルダーのどの関係を改善するのが実効性があるかを考えて、そこに介入します。実効性とは、効果の大きさだけでなく、アプローチのしやすさも考慮するということです。たとえば、業績回復を焦る社長とAさんの関係への直接のアプローチは難しそうです。支援職は、この会社全体の短期的な業績回復への圧力がむしろ生産性を落としかねないことは把握したうえで、このパワハラ問題の対処として、どこにどのような手を打つべきかを考えていきます。たとえば、まずこの上司と対話し、日々業績向上圧力やライバルとの競争の中、頑張っていることへの承認など、上司側へもケアを行います。そしてそのうえで、焦りと期待ゆえに上司に厳しく伝えてしまうAさん（上司の上司）と、その期待に応えようとムリをしている上司との間のコミュニケーションをサポートします。そして会社全体の課題解決などに取り組む場合は、自分1人ではなく、賛同者、協力者を見つけて高いレベルへの提案などに繋げていくのです。システム論的アプローチは、問題を起こしている構造を理解し、実効性ある個所に介入するので問題の再発が起きにくくなります。

　ポジティブ・ケイパビリティでは、すぐに問題の原因を特定の人に帰属させ、それを改善させるように操作的に関わりがちです。しかし問題は、特定の人だけの原因で起きていることはほとんどありません。少し立ち止まって、周囲の人間関係まで広げて俯瞰してみると、問題が起こるようなシステムが動いているのがわかります。問題は回り回ってシステム上でもっとも弱い立場の人に現れやすいのです。その弱いところを変えようとしても、余計つらくなることがあります。

　ここでも、広い視野で本当は何が起きているのかをじっくりと考え続けるネガティブ・ケイパビリティが活きてきます。

# ③ 対人支援職の人間観

　「人は1人ひとり異なる」「自分と人は違う」とはよく耳にする言葉です。生物学的な部分で人類に共通している要素もたくさんありますが、社会生活を営む上では、一卵性双生児であっても違いがあります。遺伝子的には同じでも、まったく同じ経験（経験からの学び）をしているわけではないからです。

　しかし、このことを私たちはどれほどわかっているでしょうか。また、日々どれだけ意識しているでしょうか。他者と接するとき、つい自分と同じという前提で見たり、これまであったことのある似た人を当てはめてみたりしていないでしょうか。

　また、「はじめに」でも触れましたが、社会生活を送るうえで、相手を知る、自分を知るということはとても大切なことです。はっきりと意識する、しないに関わらず、他者とコミュニケーションするときには、「この相手はどういう人だろうか」「どのような感じ方や考え方をする人だろうか」「私の発言をどう受け止めるだろうか」などと考えているのではないでしょうか。私たちはこのようなことを考える際、1つは自分基準で想像します。「自分だったらこう感じるだろう、きっとこの相手も同じだろう」といった具合です。そしてもう1つは、これまで出会った人の中で、目の前の相手と似たところのある人を思い出し、その人だったらどう感じるだろうかと推測するやり方です。

　そもそも、人には出来事や人の振舞いについての感じ方、受け止め方に特徴や傾向があります。たとえば、ある職場で同じ職位で同等の仕事がこなせるAさんとBさんがいて、後輩のCさんに上司が新しいプロジェクトの仕事をアサインしたとします。Cさんは自分にでき

るか不安を持っています。そこでAさんは「チャンスだからチャレンジしなさい」とアドバイスしました。Bさんは「失敗すると大変なことになるよ」と慎重に考えるようにアドバイスしました。このように対応に違いが出ることはよくあります。

　Aさん、Bさんには、外界からの情報（出来事など）の処理の仕方に違う傾向があるからです。これはAさん、Bさんの生得的な性格の違いともいえますが、むしろこれまでの経験から学んできた「こうしたほうがよい」という考え方の違いから来るものといえるでしょう。Aさんはこれまでの経験から新しいチャレンジには良いことがあると学んできており、Bさんは逆に嫌なことがあると学んできているのです。どちらも間違いではありません。

　出来事だけでなく、個人の見方についても、その人のプラスの面を重視する人もいれば、マイナスの面に目が行きがちな人もいます。また特定のテーマ、外見、性別、職業、出身地、未婚既婚、子どもの有無などのステレオタイプに影響された見方をする人もいます。

　私たちもAさん、Bさんと同じように、性格も経験からの学びもそれぞれ異なります。人を理解する上では、相手が客観的にどのような人であるかを知ろうとすると同時に、自分自身が持っている人や出来事に対する見方（人間観）や、相手をどのような人だと見るか（みたて方）についての傾向や特徴を知っておく必要があるのです。

　しかし、そういったことを把握したとしても、これから述べるとおり、結局のところ対象者についても支援職自身についても、すべてを理解することはできません。支援職は、対象者を理解することはできないという絶望を受け入れ、その絶望の中でも理解しようとし続けるのです。

　そこで支援職は、人をどのような存在だと見ているのでしょうか。また、どのような存在だと見るべきなのでしょうか。いうまでもなく支援職自身も対象者も人です。ですから「人をどういう存在だと見て

いるか」とは、自分をどういう存在だと考えているかということでも
あります。

「人間とは何であるか」は、古くから哲学をはじめ、宗教学、生物学、
社会学、心理学など多くの学問の対象でした。それぞれの学問で人間
のとらえ方はさまざまです。人間のどの側面を主に対象としているか
も異なります。ここでは、人を人間関係の中で心を持って生きる存在、
心理社会的存在と考えて、まずは支援職の人間観を見ていきましょう。

## ① 対象者情報の限定性や不確かさの認識

ジョハリの窓のコラムにもあるとおり、人には秘密にしている領域
があります。そもそも、すべてをさらけ出して生きていません。さら
に盲点の窓の領域は自分でも知り得ないため、対象者から支援職に伝
えることはできません。さらに支援職は対象者を「○○な人」だと見
ているものの、支援職の先入観や認知バイアス*¹³の影響を受けた推

---

*13：人の思考や判断に影響を与える特定の傾向やパターンのこと。偏見、先入観、
決めつけ、思い込みなどといわれることもある。外から入ってくる情報の解釈
に影響を与え、しばしば客観的な現実とは異なる判断を導くことがある。支援
職は自分と異なる意見にも耳を傾け、自分にある認知バイアスを知り、それが
発動した際に気付けるように自己研鑽に努めることが求められる。代表的な認
知バイアスは以下のとおり

| 確証バイアス | 自分がすでに信じていることや支持している立場を裏付ける情報を好んで選び、それへの反証を無視しやすい傾向 |
|---|---|
| 個人化バイアス | 他者の行動や出来事を自分自身に関連付け、過度に自己中心的に解釈する傾向 |
| 正常性バイアス | 自分は大丈夫と過度に楽観的な予測を立てる傾向 |
| 現在志向バイアス | 将来の利益よりも現在の利益を優先してしまう傾向 |
| 内集団バイアス | 自分が所属する集団のメンバーのほうが、別の集団のメンバーよりも優れていると思い込む傾向 |
| ハロー効果 | 他者や出来事の一部の特徴に引っ張られて全体的な評価を下してしまう傾向 |

# ジョハリの窓

　人を理解するときの枠組みの1つとして、ジョハリの窓（Johari Window）があります。ジョハリの窓は、人と人の相互理解を深めるコミュニケーションに関するモデルで、アメリカの心理学者ジョセフ・ルフトとハリー・イングラム（インガム）によって1955年に開発されました。ジョハリの窓は、自分が知っている自分、自分が知らない自分、他者が知っている自分、他者が知らない自分の組合わせの4つの象限から成り立っています。そして各象限の広さは他者への自分のことに関する開示（自己開示）と、他者から自分へのフィードバックとその受け入れの度合いに基づいています。

　ジョハリの窓の4つの象限は以下のとおりです。

|  |  | 自分は | |
|---|---|---|---|
|  |  | 知っている | 知らない |
| 他人が | 知っている | A．開放の窓<br>自分も知っているし、他人も知っている | C．盲点の窓<br>自分では気づいていないが、他人は知っている |
|  | 知らない | B．秘密の窓<br>自分は知っているが、他人には知られていない | D．未知の窓<br>自分も気づいていないし、他人にも知られていない |

## A.「開放の窓」（open self）：

　この領域には、自己開示が高く、他者からも認識されている特性や情報が含まれます。つまり、「自分に〇〇という面がある」という主観的な自己像と、「他者からも〇〇な面があると思われている」という他者から見た自己像が一致している領域です。

　開放の窓が大きくなることで、相互の親近感や安心感が高まり、コミュニケーションが円滑化しやすくなります。

## B.「秘密の窓」（hidden self）：

　この領域には、自分は知っていても自己開示が低く、他者からは知られていない特性や情報が含まれます。つまり、自分自身は「自分は〇〇だ」と知っていても、他人にはそれが伝わっていないため知られていない領域です。秘密の窓が広いということは隠し事が多いともいえるため、「わからないところが多い人」という印象を与えやすく、相手と打ち明けることが難しくなります。ありのままの自分を見せることで、「開放の窓」が広がると、コミュニケーションが円滑になります。

### C.「盲点の窓」（blind self）：

この領域には、他者には知られていても、自分では気づいていない特性や情報が含まれます。つまり、「他者からは○○な人」と認識されていますが、自分では「自分が○○な人」とは思っていない領域です。自分では気づいていない長所や短所などがあるものです。

この領域は、意図せず相手を不快にしてしまうこともあるため、他者からのフィードバックを受け入れて、開放の窓へと広げることが大切です。

### D. 未知の窓（unknown self）：

この領域には、自分自身も気づいておらず、当然自己開示もなく、他者の目からも認識されていない情報や特性が含まれます。つまり、自分自身も他人も知らない未知の側面であり、誰からも発見されていない潜在的な可能性を指します。人としての成長の余地ともいえる領域です。「まだ知らない自分」に気づくことで、自己成長のチャンスが訪れるのです。支援職は、対象者にはこの領域があることを常に意識しておくべきでしょう。

支援職は、対象者と信頼関係を構築し、安心安全な場をつくって自己開示を促進し、開放の窓を下へ広げ、秘密の窓を狭めていきます。合わせて対象者の経験の中にある、他者からのフィードバックや対象者が自分自身について知る手掛かりとなる出来事の内省を促し、そこにどのような自分が表れていたかに気付けるようにかかわります。時には、支援職が自ら対象者にフィードバックすることもあります。それらが開放の窓を右に広げ、盲点の窓を狭めることにつながります。

このように、ジョハリの窓を活用したかかわりによって、自己理解、自己客観視が促され、対象者にとって良好な人間関係の構築に役立ちます。

ジョハリの窓は、支援職が対象者を理解するツールでもあり、対象者が自分自身を理解するツールでもあります。支援職は対象者が自分について素直に表現できるようにかかわり、対象者とともに開放の窓を広げていくのです。その中で対象者は、未知の窓に存在する自分の成長の可能性にも気付いていくのです。

測に過ぎず、それが本当に対象者に当てはまるかはわからないのです。

　それから、改めていうまでもなく、多くの場合、支援職と対象者は限られた時間、特定の場所（支援場面）で接するだけです。対象者は支援場面以外で生活している時間の方が圧倒的に長いにもかかわらず、そこでの対象者のことを観察することはできません。支援場面以外のところで、対象者は支援職以外の人間関係の中にいて、そこでさまざまな役割を持ち、支援場面とは異なる面を見せているかもしれないのです。支援職には何かと依存してくる対象者が、他の場面では別人のように頼もしく振舞っていることなどはよくあります。優れた支援職は、このように対象者についての情報は極めて限られていることを強く認識しています。したがって、支援場面での印象だけで対象者を「理解した」とならないように気を付けているのです。

　支援職は、対象者には広大な未知の窓の領域があることを受け入れたうえで、支援場面以外で起きている対象者の困りごとに関係の深い出来事について、対象者から詳細に聴き取ることになります。そこで語られる出来事は、対象者のフィルターを通して記憶に残った経験です。その経験には、対象者の感情や、その感情を引き出している思考パターン、そして対象者のその経験への意味づけが付随しています。だからこそ対象者は、そこに心が残り、覚えているともいえるでしょう。その経験を振り返り、対象者の出来事の捉え方、そう捉える理由をともに探索することは、対象者にとって自分のものの見方、考え方を自覚するとても貴重な機会になります。対象者のすべてを知ることができないから支援ができないとあきらめるわけではないのです。対象者情報の限定性を前提としながらも、できるだけ対象者の自己理解が進むように関わり、その内容を教えてもらうのです。

## ② 人の感情表現の複雑性と継時変化の認識

　皆さんは、人の感情をどのようにとらえていますか？　人が発する言葉や態度、表情、話し方などから、感情、たとえば「寂しさ」や「怒り」が伝わってくることは日常的にあるでしょう。カウンセリングのトレーニングなどでは、その感情を伝え返す練習をすることをご存じの人も多いのではないでしょうか。「先日、同居していた親が亡くなってすごく寂しい思いをしています」という相手の言葉に「そうですか…、親御さんを亡くされて寂しい思いをされているんですね」といった具合です。こういう応答に対して、相手は「ええ、そうなんです。とても寂しいです」と返します。そうすると、何か相手とわかり合えた気になったりするものです

　しかし、どうでしょうか。この相手の方の感情は本当に「寂しい」だけなのでしょうか？　ここで、もし支援職がこれ以上対象者の気持ちについて聞かなかったとしたら、支援職が思う「寂しい」だけの人になってしまわないでしょうか。もっと事情を聴いたり、気持ちを確認したりする中で、もしかすると「寂しい」というより「（もっとできることがあったと思うと）悔しい」に近かったり、「寂しい」だけでなく、「少しほっとした」思いもあったりするかもしれません。

　キャリアコンサルティングの達人たちのインタビューを分析[*14]すると、その達人たちは対象者から届く感情を単一のものと捉えていません。もっとふさわしい感情表現や、複数の感情が絡み合った複雑なものと捉えています。さらにその感情は、時間の経過とそれに伴う対

---

[*14]：『キャリアコンサルティングにおける人間観とネガティブ・ケイパビリティの発揮 — 熟達者へのインタビューに基づく検討』田中稔哉、伴野崇生（2023）、社会構想大学院大学紀要

象者の変化によって変わっていくこともあると認識しています。そこで、「寂しい」という言葉を「その寂しさをもう少し詳しく聞かせていただけませんか」などとさらに説明してもらったり、「私は○○さんの中に、悔しさみたいなものも受け止めたのですが、それについてはどんな風に思いますか？　違っていたら遠慮なく言ってくださいね」などと慎重にフィードバックをしたりして対話を続け、対象者が感じていることにできるだけ近づけるようにかかわるのです。

## ③ 人の多面性、多層性と環境依存の認識

　次に、人をどう表現しているか見ていきましょう。よく「Aさんはやさしい」とか「自分は優柔不断だ」とかいう表現をしませんか。先にあげた対人支援の達人たちのインタビュー調査の達人たちは、人を「やさしい」とか「優柔不断」といった単一の印象を持っていないと報告されています。個人の中には、相反するものも含め複数の要素があると考えているのです。「やさしい」「厳しい」「明るい」「暗い」「感覚的」「論理的」などはすべて共存し得るのです。確かに相対的に見て、「厳しさ」より「やさしさ」をよく発揮する傾向がある人はいるでしょう。しかし、その傾向は人が置かれた環境に影響を受けます。会社ではやさしい上司が家では厳しい親の面を見せるように、ある環境では「やさしさ」が優位でも、別の環境では「厳しさ」が優位になるということがあるのです。さらに自分も周囲の人も変化、成長します。親と子の関係は、それぞれが経験の中で変化していき、親は子どもにやさしい言葉をかけるようになるかもしれません。しかし親の中にあった子どもに厳しかった特性は消えたわけではありません。またどこかの場面で現れることもあるのです。

　優れた支援職は、人の特性は多面的で多層的なものであり、環境に依存して移ろうものだと知っています。多層的とは、ある人の「やさ

しさ」は、その人の「厳しさ」が前面に現れたとき消えてしまうのではなく、前面に出ている「厳しさ」と共存しているのです。優れた支援職は他者（自分についても）単一の印象を固定させず、次々と現れてくる特性を積み重ねて理解しようとしています。そして1つの言葉で人を表現してしまうと、とくにそれを言葉にしてしまうと、それがレッテルとなって、知らず知らずのうちに刷り込まれ、他の要素が見えにくくなることを避けているのです。

## ④ 対象者の秘密や忖度と支援職のマイクロアグレッション[*15]の認識

　人の理解しがたさに加え、対象者には簡単には話してくれない秘密にしていることや、忖度があります。心理臨床カウンセリングの研究データでは、約半数のクライエントはカウンセリングのなかで秘密にしていたことがあり、9割のクライエントに嘘や忖度があったと報告されています（金沢 2015）[*16]。どれだけ信頼関係をつくっても、自身や家族の恥だと考えていることや、自分にとって都合の悪いこと、支援者によく思われないと考えていることなどについては、話してくれなかったり、嘘をついてごまかしたりするものです。

　支援職は対象者の発言そのもの、そういう表現をしたことそのものは大事にしながらも、表情や態度を手掛かりにして、何か伝えきれていないことがあるのではないか、本当はそうではないのではないか、そういう表現よりこちらの方が本当の気持ちに近いのではないかと探

第3章　対人支援とネガティブ・ケイパビリティ

---

＊15：発信者側の無意識な言動であっても、受け取る側の思い込みであっても、受信者側に蔑視や嘲りなどの偏見だと受け止められる言動はすべてマイクロアグレッションとされる。古田克利（2018）。キャリアカウンセリング場面でのマイクロアグレッションの特徴—大学キャリアセンターの個別相談を対象とした定量研究—関西外国語大学
＊16：『心理学ワールド カウンセリングにおける「秘密」—クライエントの秘密』金沢吉展（2017）、公益社団法人日本心理学会

索する必要があります。

　また、支援職の側に、対象者の言動への微細な反応としてマイクロアグレッションが表出することがあります。たとえば、高校生の「私なんか、こんな高校に通う意味ないですよ」という発言に対し、教員は平静を装いながらも、一瞬無自覚に嫌悪や怒りが現れてしまうことがあります。対人関係に敏感な対象者（生徒）は、それを見逃しません。この支援職は「そのような考えを受け入れない人だ」ということが伝わります。そうなると、そのテーマについて、それ以上話そうとはしなくなります。仮に生徒のこの発言の中の「私なんか」という言い方に、悩みにつながる事情や自己認識の手掛かりがあったとしても、そこへのアクセスがしにくくなってしまいます。

　支援職は、自分のマイクロアグレッションが出やすいテーマを知ると同時に、対象者の言葉を大事にしながらも嘘や秘密の存在を意識するというネガティブ・ケイパビリティを発揮することが大事になります。

## ⑤ 人（対象者）の固有性と尊厳の認識

　ここまで述べてきたように、人は複雑で理解しがたい存在です。支援職はそのように認識していますが、それを厄介なものとして否定的に考えているわけではありません。1人としていて同じ人はおらず、だからこそこの世で唯一の、かけがえのない価値ある存在として肯定的にとらえているのです。

　さらにいえば、唯一の存在であるということは、どのような過去があろうと、その人なりの生きる意味、社会に存在する意味があると考えています。今どのような境遇にいようと、どのような身なりであろうと、どれだけ人や社会に対して否定的な考えをもっていようと、誰しも人生に意味を見出せるはずだと考えるようにしているのです。

**82**

## ⑥ 人間の可能性への認識

　前節で支援職は「どのような人にも生きる意味があると信じている」と述べました。では、教育の場などでよくいわれる「人の可能性は無限である」という考えについてはどうでしょうか？　確かに「その気になれば何にでもなれる」かもしれません。最近ではアメリカのメジャーリーグで活躍している大谷翔平選手（1994 年〜）を例にあげて、「小さい頃から具体的な夢をもって努力を継続していけば、その夢は叶う」ことを推奨する考え方です。しかしこの考えには、2 つの危うさがあります。

　1 つは、「何にでもなれる」の「何」が、職業や地位など外的キャリア＊17 としていわれやすい点です。外的キャリアは環境に大きく影響されます。人気のあるプロスポーツが簡単になくなることは考えにくいですが、未来永劫メジャーリーグが存在する保証はあるわけではありません。そうでなくても、AI によってルーティンワークや知識伝達中心の仕事はなくなっていきます。IT 技術の進歩によって、名工や達人と呼ばれる人の技術が解明され、職人の世界も様変わりしています。身近な製品としての記録媒体も、紙、レコード、カセットテープから、CD、MD、DVD、USB メモリ、そしてクラウドストレージへと変遷しています。これらを主力製品としていた会社にいた技術者に話を聞くと、技術の進歩に合わせて、目指す部門を変えながら、必要とされるスキルを習得する大変さが伺えます。

　「何」は外的キャリアだけでなく、自分が充実感や成長実感などを

＊ 17：外部から見て取れる個人の属性など。職業、地位、報酬額、社会的評価など。
　　　一方内的キャリアは、充実感、満足感、成長実感、貢献実感など個人の内面で
　　　得られているもの

得られる生き方、たとえば「正直さを大事にした生き方」など、内的キャリアも含めて考える方が環境変化が激しい社会には適応的だといえるでしょう。

　もう1つは、「何にでもなれる」という考えを期待される側の問題です。支援職がそれを信じるのはともかく、期待される側の対象者にとっては、大きな負担やストレスになることがあります。よかれと思って「頑張ればできるよ」という言葉が、対象者を苦しめてしまうのです。また、この考えには「支援職が頑張れば、対象者をいかようにも、どこまでも成長させられる」といった支援者側の教育力や指導力への過信、奢りのようなものも感じられます。「成長させられないのは、自分たち支援職が至らないからだ」という考えは、自己責任を引き受けるという面では立派かもしれませんが、対象者自身の力を否定してしまう面があります。

　また逆に、「自分（支援者）たちはこれだけやっているのに、対象者が成長しない（期待するような変化が起きない）のは、対象者の努力が足りないからだ」と問題の原因を対象者側に押し付けてしまうリスクもあります。これは「誰でも成長させられる」という万能感が、「成長しない対象者」という現実からくる無力感に耐えられず、責任転嫁してしまうことから起こるのです。「何にでもなれる力がある」ことと「何でもなれる」は違います。

　支援職はここでも「人の可能性を信じたい」けれども、それを「過度に対象者に期待しない」状態、「成長することを強く望む」けれど「成長しないことも受け入れる」、そういう状態にとどまっていられる力、ネガティブ・ケイパビリティが必要になるのです。

## 4 ｜ 人を理解することと、
## ｜ 人に共感することについて

　ここまで、支援職の人間観について述べてきました。ここからは、支援職が人をどう理解し、どう共感するのかを見ていきましょう。「はじめに」で、支援職が一方的に対象者を理解するのではないと述べました。対象者が自分自身をどういう人だと考えているか、それはなぜなのか、どのような経験からそう思うようになったのか、自分をそういう人だということについてどう思うのかなどを丁寧に聴くのです。その対象者が自分を理解していくプロセスを支援するかかわりの中で、支援職も対象者を理解していくのです。

　人を「理解できるから共感できる」ともいえますし、「共感できるから理解できる」ともいえます。「親が亡くなって、何もしてあげられなかったと後悔している」ことがわかったから「つらさに共感できる」こともあるし、「ものすごくつらさが伝わってくる」から「単に親が亡くなったことではなく、何もしてあげられなかったことへの後悔ある」と理解できるということです。

### ①「理解する」とは

　いうまでもなく「理解する」以前の状態は「理解していない」です。「理解していない」と「理解した」の間には、「理解しようとしている」があります。これまでも何度か述べたように、人のすべてを理解することはできません。したがって「理解しようとしている」状態が永遠に続き、「理解できた」には至らないわけです。

　ただ、すべてを知らなければ支援ができないわけではありません。

**85**

対象者が抱える課題に密接に関係している経験と、その経験の中に映る自分をどう捉えているか、どう感じているかを共有してもらうことによって、対象者の自己理解と環境理解が促進され、主体的な意思決定につながっていくのです。

　支援職と対象者の支援関係には終わりがあります。支援が終了した時点ではすべては理解できなくても、どの程度理解できていただろうかと振り返ることはできます。

　では、何のために対象者を理解するのでしょうか。まず真っ先に浮かぶのが対象者の「役に立つため」です。その下層に「対象者の課題を特定するため」「対象者の課題の原因を特定するため」、そして「対象者自身の課題解決の力を把握するため」などがくるでしょう。次に対象者を理解する目的について考えてみましょう。

## ② 何のために対象者を理解するのか

　唐突かもしれませんが、ある目的のためになされる行為（手段）は、目的の制約を受け、自由度を失います。対象者の「役に立つため」に行われることは「役に立ちそうもないこと」を排除してしまいます。下層にあることも同様です。課題の特定に役立たないと思えることはせず、できるだけ効率的、合理的に目的を達成しようという動機づけが高まります。

　そうなると、相談者が雑談の中で話す気になった出来事など、実は課題に関係するかもしれない話題を逃しやすくなってしまいます。また、対象者の気持ちを想像する際に、つい課題解決に関連付けて考えてしまいやすくなります。たとえば、人間関係がうまくいかないことが多い対象者が、俯きながら「友人の成功を聞いてうれしくなりました」と言ったことを、そのまま受け取らず、本当は「嫉妬」や「妬み」などがあるのではないかと勘ぐってしまう傾向があるのです。

「役に立つ」「課題を特定する」といった目的から解き放たれて、自由に発想することではじめて、自分とは異なる存在である対象者の固有の感じ方、考え方に触れることができるのではないでしょうか。

これが、キーツがいうところの、シェイクスピアが持っていたという自己を虚しゅうして他者（登場人物）を想像し、他者に共感する力としてのネガティブ・ケイパビリティでしょう。

支援関係の中の対象者の理解は、対象者の役に立つという目的のために始まる行為ですが、その過程においては、対象者の自己理解を共有してもらうことが目的なのです。ただひたすらに対象者だったらどう感じるか、どう考えるかに集中する行為といえるでしょう。

対人支援の仕事は、対象者の「役に立つ」という目的ゆえに就く仕事であり、対人支援は対象者の役に立とうとして始まります。しかしその目的を意識するあまり、対象者を拙速に理解しようとしてはいけないのです。ここにもネガティブ・ケイパビリティが活きてきます。

## 目的意識 VS 自由な発想 ──────── column 5

　対人支援以外の場面でも、強い目的意識は時に自由な発想や創造力を制約することがあります。スポーツチームが「優勝する」という目的のために、練習方法やチームワークの強化について話し合うとき、あまりに目的に縛られてしまうと、目的に直接寄与する行為（手段）だけに話が限定され、間接的ではあっても効果的な手段、たとえば練習を楽しむ工夫や、選手同士が一緒に遊ぶことなどは話題に上りにくくなります。結果として、「もっと一生懸命練習する」「長時間練習する」など当たり前の結論になりがちです。むしろ話し合いに没頭して目的を忘れ、「ふざけ」や「遊び」のような内容も含めてあちこち話が脱線していくと、そこから「それいいんじゃない」という新しいアイデアが生まれるのです。

　何かのために話し合うのではなく、対話そのものを楽しむことが創造性を生むのです。

**87**

## 5 | 対人支援の場で何を理解するのか

　支援職にも多様な種類があります。対象者の何を理解するのかについては、何を支援するのか、対象者のどのようなニーズに対して支援するのかによって、領域ごとに異なります。対象者の生存や健康に関する支援をする医療の領域であれば、体調や心の状態など心身の不調に関すること、あるいはその原因に関係すると思われる対象者の状況などでしょう。対人支援の仕事には共通の目的として対象者の満足があるので、まずは対象者が何を望んでいるかについては確認する必要があります。ただし、支援の領域により理解しようとする内容や主に活用する情報などアプローチの仕方は異なります。図表 3-9 に領域ごとの、理解する内容、主に活用する情報について簡単にまとめています。

　そこで、相談者理解に活用される情報が 2 種類あります。1 つは主に支援職が対象者に対して検査などをして、その結果として入手することができる客観的・科学的データ、もう 1 つは主に対象者が自分自身について把握している内容を言葉などで表現してもらい、それを共有することによって入手が可能になる主観的・情緒的情報です。

## 図表 3-9　領域ごとの対象者を理解する内容の例

| 領域 | 共通確認内容 | 理解する内容（主なもの） | 活用する情報 |
|---|---|---|---|
| 通常医療 | ●対象者が望む状態<br>●対象者が大切にしていること<br>●対象者の生活習慣<br>●対象者に影響を与える家族などの関係者の存在<br>●保護者など関係の深い人のニーズ<br>●家族など支援者の存在と期待できる支援内容<br>●活用できるサポート資源（人、組織、制度、道具など）<br>●経済状況、資産状況<br>●過去の支援状況データ | 体調（苦痛の個所、頻度、程度など）や心の状態（不安や恐怖、自分では制御不能の観念、妄想など）、その原因に関すること | 医学的検査、測定の結果<br>バイタルサイン |
| 終末期医療 | | 対象者が残りの人生でしたいこと<br>治療上の苦痛の程度 | 病状ごとの平均的余命のデータ |
| 介　護 | | 対象者にできること、できないこと<br>対象者が不自由を感じていること | 症状やケガの状態に関する測定データ |
| 学校教育 | | 協調性や主体性など社会に出るうえで必要になる能力の習得度<br>学力レベル<br>学びへの意欲、関心の対象<br>希望する進路とその理由<br>塾など他に利用している学習機関 | 学力テストの結果、偏差値、これまでの学力データ |
| 理美容 | | 髪質、肌質、髪や肌の状態、普段のケアの内容<br>顔立ちと髪型の適合度<br>参加予定のイベント | 髪質や肌質の測定結果<br>流行の髪型や服装 |
| 接　客 | | 好きな食べ物や空間、好みの人のタイプ | 同席者との関係 |
| キャリアコンサルティング（就職支援） | | 学歴、経歴、職場での人間関係<br>希望する仕事の内容、条件<br>職業に関する価値観や興味<br>働くうえでの基礎的能力、専門性<br>これまでの仕事や学校生活での成果<br>人脈などの有無と内容 | 対象者と同様の人の就職実績<br>労働市場の状況 |

# ① 主に客観的・科学的データを活用する支援

　客観的・科学的データは、対象者について支援職が直接、検査や測定、あるいは観察などのアセスメントの結果で得られた情報です。代表的なものとして、医療における体温、脈拍、血液検査のデータ、レントゲンや MRI の画像、体力や筋力の測定結果などがあります。医療の領域は疾病や障害、ケガごとに、第三者の臨床的な検査を受けたうえで体系化された豊富なデータが蓄積されています。理美容の支援でも、肌質や髪質のデータが活用されています。また心理検査でも、対象者（被験者）の意図が反映されにくい投影法＊18 とよばれる検査が診断の参考にされています。

　これらのデータは診断やみたての根拠となり、支援（治療）方針、支援方法を決め手となる貴重なデータです。ちなみに、弁護士などの法律の領域での問題解決の支援もこれに当たります。法令の趣旨、詳細な条文の解釈、莫大な判例の把握が前提となって、はじめて支援が可能になります。

　これらのデータを活用するには、対象者にはない豊富な知識や高い技術といった専門性が必要です。いうまでもなく、保有しているのは支援者側であり、対象者はほとんど持っていないことが普通です。このように、支援に必要な情報の保有量について大きな非対称性があり、専門的な知識を活用して支援職が支援内容や方法を決める比重が大きくなります。支対象者の課題解決を支援職が直接行うわけですから、支援の結果の成否について支援職の責任が大きくなります。支援職が権威をもって指示する役割、対象者はそれに従う役割が固定しやすく、対象者が支援者に依存する関係になりがちです。支援職が思うように支援できる反面、対象者の主体性が失われないように注意が必要です。

このような客観的・科学的データをもとにして、合理的、効率的に対象者の問題を解決しようとする支援においては、ポジティブ・ケイパビリティが優位になります。

## ② 主に主観的・情緒的情報を活用する支援

　主観的・情緒的情報は、対象者から気持ちの部分も含めて対象者自身のことについて聴き出す情報です。対象者が何を望んでいるのか、どう感じたのか、どのような痛みなのか、どのように考えているのかなど、対象者の主観的な情報は、支援職が直接測定することができません。また、同じ場面をつくって再現して観察することもできません。対象者から言葉など何かしらの方法で表現してもらい、教えてもらうしかないのです。

　代表的な領域は、カウンセリングなどのように、対象者が困っていることを把握することから始まり、相談者が望む状態を明確化し、そこに向かって成長していくことを促す支援です。対象者の経験を聴きながら、その語りの中にある自己概念＊19 を手掛かりに、対象者と共に対象者の「ありたい自分」見つけ、共有していきます。そしてさらにその「ありたい自分」が実現できるように支えるのです。医療でも、

---

＊18：あいまいな視覚的刺激や言語的刺激を提示し、それに対して自由な連想や反応をしてもらった結果を分析する検査方法。無意識の心理的な要素や感情が表れるとされている。代表的なものにロールシャッハ・テスト（被験者に抽象的なインクのシミのような図を提示し、それが何に似ているか、または何を想像させるかを語るよう求められる。被験者の回答内容や反応の仕方が分析対象となる）がある

＊19：自分で社会の中の自分をどう捉えているか、代表的なものは健康状態、性格、価値観（判断基準）、興味、能力、環境認識などがある。環境認識は他者や社会に対する見方で、「人は信じてはいけない」といった否定的な見方もあれば、「この世に悪い人はいない」という肯定的な見方もある

一般的な治療でなく死が近くにある終末期医療では、ただ延命させるより残りの人生の QOL（クオリティ オブ ライフ）[20] の向上が優先するので、こうした情報が大事になります。

　こちらの情報を手に入れる際には、3つほど課題があります。1つは対象者の自己理解の程度です。対象者が自己理解できていなければ、適切な情報を対象者から入手ができません。自己理解できていないとは、自分はどのような自己概念を持っているのか、何を望んでいるのかが「わからない」という状態です。また、対象者はわかっているつもりでそれを表現してくれても、それが現実と合っていない状態、客観視できていない状態もあります。たとえば、自分では「英語が得意」といっていてもテストの点はそれほど高くない対象者や、自分は「ガマン強い」と自認していても周囲からはそう評価されていない対象者などが当てはまります。

　これらの原因は、比較的経験の少ない若者などに見られる、経験そのものが少なく自分がどのような人かに気付く機会が少ない場合と、経験はしていてもその経験をありのままに受け入れることができていない場合とがあります。英語のテストの点が低くても「先生の教え方が悪かった」「問題が悪い」「今回はたまたま低かっただけ」と、「英語が得意な自分（でありたい）」という自己概念を守るために、現実を受け入れないのです。

　この例はわかりやすい能力の面でしたが、性格などの面でも起こります。「優しい自分（でありたい）」という自己概念を守るために、人に優しくできなかった経験を受け入れられないといったケースです。このような自己概念の防衛[21] は誰にでも見られ、嫌な自分を受け入れずに済むという良い面もあります。ただ、あまりにもこの防衛が強く、頑なに経験を受け入れずにいると、自己概念の客観視が進みません。周囲の人と自分に対する見方のズレが大きくなり、人間関係に支障が出てきます（p76「ジョハリの窓」参照）。また、無意識的に防

衛していても、心のどこかで嫌な自分の存在を感じていて、イライラや不安など心理状態が悪化することもあります。これらのようなケースでは、自己概念の明確化や客観視の促進から始めることになるので、効果的な支援に至るまでに時間を要します。

2つめは、信頼関係が不十分で、対象者が支援職に自分のことを正直に表現してくれない（表現できない）場合です。対象者は支援職に対して、「支援職に良く思われたい」などの理由から、嘘をついたり、隠したり、忖度したりします。対象者は自分にとって都合の悪いことや、支援職に悪く思われそうなことは言わないものです。また、自己概念の防衛が強く働いている対象者は、自分が経験していることをありのままに表現することは困難です。

支援職を信頼した状態で、自分が否定される心配のない安心安全な場であれば、防衛を緩め正直に自分をさらけ出すことができるでしょう。しかし、実際にそれは簡単ではありません。先に紹介したとおり、心理臨床カウンセリングでは多くのクライエントにカウンセリングの中で秘密や嘘や忖度があるという研究が報告されています。

3つめは、対象者が使った言葉の意味と支援職が思うその言葉の意味が違っている場合です。いうまでもなく、支援職は対象者が表現す

---

＊20：「生活の質」「生命の質」などと訳され、患者の身体的な苦痛の軽減、精神的、社会的活動を含めた総合的な活力、生きがい、満足度などが含まれる。QOLの向上は患者が最期まで快適で尊厳ある生活を送り、自己決定権を尊重しながら最期を迎えること。単に寿命を延ばすことだけでなく、患者がその寿命を有意義に過ごすことを支援する。患者の意思で治療効果が高いが苦痛も大きい治療より、治療効果は高くなくても体に優しい治療を選ぶこともある

＊21：心理学の分野では防衛機制と呼ばれる。危険や困難に直面し、受け入れがたい苦痛にさらされた場合に、それによる不安や恐れなどの不快な感情から逃れたり、軽減したりするために無意識に作用する心理的メカニズム（反応）のこと。代表的なものに、欲求不満や不安を無意識に抑え込んで忘れてしまおうとする「抑圧」、もっともらしい理屈や理由をつけて正当化しようとする「合理化」、受け入れがたい不快な感情が、正反対の行動として表れる「反動形成」などがある

ること、発する言葉を大事にします。ただそれは、対象者の言葉を鵜呑みにすることではありません。その言葉を選ぶに至った経験、そう言いたくなる気持ちも含めて丁寧にわかろうとするということです。

　対象者にはそれぞれ自己概念があり、その中にはその人固有の言葉への意味づけがあることがあります。そして同様に、支援職には支援職の自己概念を反映した言葉への意味づけがあります。そこで、支援職の「愛」と対象者の「愛」の意味が違っていたり、「寂しい」というひと言でも、内容や程度が共有できていなかったりすることも多いのです。

　支援職は、対象者の表現した言葉の意味を、自分が受けとめた意味と同じなのかについて繰返し丁寧に確認して、そのズレを修正していくことが大事なのです。対象者の言葉を「大事にしつつ疑う」という葛藤状態、曖昧さの中に居続けるのです。

　このような主観的・情緒的情報は、客観的・科学的データと比べ、支援職個人の中に蓄積、保有される暗黙知であることが多く、情報の個別性が高く、支援職の受け止め方の影響も受けるため、体系化や類型化が困難です。これらが、主観的・情緒的情報を使った支援の難しさにもなっています。

　支援職は、対象者から支援の材料となりうる情報を引き出し、対象者が自分の置かれた状況・課題にコミットし、主体的な意思決定を行い、望む方向に向けて行動していくことができるように支えていきます。対象者が自分の人生の当事者として責任を持てるようにかかわるともいえるでしょう。それは対象者の成長の支援なのです。この支援が提供する価値は、支援の過程と結果に対象者が主観的に満足することです。これには客観的・科学的データを使った支援とは違った難しさがあります。

　曖昧さや移ろいやすい感情などが含まれる主観的・情緒的情報をもとにした支援においては、ネガティブ・ケイパビリティが優位になります。図表3-10に2つの情報を活用した支援の特徴をまとめました。

図表 3-10　2つの情報を活用して行う支援の特徴

| 活用する情報 | 主に客観的・科学的データを活用する支援 | 主に主観的・情緒的データを活用する支援 |
|---|---|---|
| 情報の入手と保有 | 支援職が直接アセスメント（検査・測定・観察）して入手<br>その後対象者へ共有 | 対象者が保有しているものを、支援職が対象者を通して入手（共有） |
| 情報の特徴 | 形式知、体系化・類型化された豊富な臨床データ、第三者による検証済（事例の他者への適応が容易） | 暗黙知、非体系化（支援職の主観的経験の蓄積）、非類型化（事例の他者への適応、パターン化が困難） |
| 支援職の役割 | 支援職が課題解決すること | 対象者自身が課題解撤できるようにすること |
| 支援の支援方法の判断者 | 支援職 | 対象者（対象者が決められるようにかかわる） |
| 支援の結果責任 | 支援職 | 対象者（が責任を負えるようにかかわる） |
| AIとの親和性 | 高い | 低い |
| 発揮される力 | ポジティブ・ケイパビリティ優位 | ネガティブ・ケイパビリティ優位 |

# 第 4 章

## 対人支援場面における
## ネガティブ・ケイパビリティの発揮

●この章でお伝えすること●

1. 支援に入る前の対象者情報の入手から支援の終了まで
2. 各プロセスにおけるネガティブ・ケイパビリティとポジ
   ティブ・ケイパビリティ

ここからは、ネガティブ・ケイパビリティが優位に発揮される主観的・情緒的情報を活用する、個人を対象とした対人支援において、ネガティブ・ケイパビリティがどのように発揮されているかを、支援のプロセスごとに見ていこうと思います。

　ただし、個人を対象とした対人支援にも多様な職業があります。そこでここでは、筆者の専門分野であるキャリアコンサルティングにおける支援を念頭に記述していきます。

## 1 ┃ 事前情報の扱い

　支援を開始する前に、支援の申込時に対象者が書いた書面や受付などで聞き取った内容など、支援職が入手できる情報もあります。多くの場合、年齢、性別、住所、家族構成、職業など属性の客観的情報です。

　支援職は事前情報に目を通すとき、客観的な属性情報から対象者の人物像をイメージすることがあります。むしろ一切イメージしないことは難しいものです。しかし、熟練の支援職は、意識してイメージを持たないようにしたり、イメージしたとしても、それを固定せず疑いを持つようにしています。このイメージには、先入観など経験から身につけてきた支援職のものの見方、考え方が反映されており、それをそのまま対象者に当てはめてしまうとみたて違いにつながる可能性があるからです。ここでも、急いで答えを出そうとせず、判断を保留した状態を保つネガティブ・ケイパビリティが発揮されるのです。

　また事前情報として、どのようなことに困っているのか、支援の場に来た目的は何かなどの定性的情報が、選択式や自由記述で提供され

る場合もあります。これも支援に入った最初の段階で丁寧に確認していく必要があります。なぜなら、この情報は支援職と対象者の間に信頼関係が構築できる前に書かれているので、対象者にとって不都合と感じることが書かれていなかったり、支援職や関係のある組織などに忖度があったりする場合があるからです。また、受付で守秘義務について説明を受けているとはいえ、自分の書いたことが家族など他者に漏れることを気にして本音を書かないこともあります。

　だからといって支援職は、その内容を疑うだけではありません。本当ではなかったとしても、対象者がそのように書いたこと、あるいは書かなかったこと自体は大切に扱います。そのようにした背景、事情、そのようにしたかった気持ちは、対象者を知る上で貴重な情報になります。さらにいえば、「本当のこと」よりも、対象者から見えている景色の方が大事だからです。ここでは、対象者の言葉を「信じること」と「疑うこと」の間に留まり続けるネガティブ・ケイパビリティが求められます。

　このように、支援職は初めて対面する対象者に対して、事前情報を得ながらも、なるべく先入観を持たないニュートラルな状態を保とうとするのです。

## 2 ｜ 初対面から関係構築期

　ニュートラルな状態で待ち受けながらも、初めて対象者に出会う瞬間、事前情報とは比べものにならないほどの量の情報を浴びることになります。文字情報にはない視覚（身なり、体型、姿勢、態度、動作、表情）、聴覚（声質、話し方）、嗅覚（体臭、口臭、香水やコロン）な

どからの大量の情報を受け止めるのです。こうしたとき、反射的に「この対象者は○○な人だな」という第一印象を持つのが普通です。しかし、対人支援の場では、なるべくこの第一印象を持たないようにするか、持ったとしてもその第一印象に「そうではないかもしれない」と疑念を向ける姿勢を保持します。なぜなら、第一印象には事前情報と同様に、支援職がこれまで出会った人々によって身に付けた好悪、善悪などの判断基準が反映されてしまうからです。

　また、第一印象の影響は大きく、予言の自己成就*22を起こしやすいことにも注意が必要です。予言の自己成就とは、支援職が「きっとこうだろう」と予言したことがそのとおりになることです。これは、支援職の予言の内容に沿った情報は強くインプットされ、沿っていない情報は無視されたりディスカウントされたりすることが影響しています。たとえば、販売職の採用面接において、面接官が「当社に合っている」という好意的な第一印象を持った場合、接客のアルバイトをしていたとき店長からの高評価を受けたというエピソードは「やはりそうだ」と素直に受け止める一方、「たまに、お客さまからクレームを受けた」という発言をスルーしたり、深く聞かなかったりして、結局第一印象のまま評価を変えず採用してしまうようなケースです。

　一方、第一印象が「当社には合わない」と否定的なものだった場合は、高評価のエピソードに対して「本当かな？　よく確認しよう」となり、クレームについての話は「やっぱりそうだ」と納得してしまうのです。採用面接における第一印象の重要性は多方面で指摘されています。筆者が人事部門で採用面接をしていたときにも、上司から再三「第一印象に引きずられないように、第一印象で決めてしまわないように」「第一印象にかかわらず、その応募者のことを時間内で精いっぱい知ろうとしなさい」と注意されました。

　予言の自己成就は支援職側だけの要因で起こるのではありません。教育の場で教師がAという生徒に対しては「勉強ができるはず」と

図表 4-1　生徒 A と B に対する教師の典型的な対応

| 出来事 | A（勉強できる）への対応 | B（勉強できない）への対応 |
|---|---|---|
| テストで高得点 | 「やっぱり A はできるな」「もっとできるよ！」という言動 | 「珍しいね」「今回はどうしたの？」という言動 |
| テストで低得点 | 「珍しいね」「今回はどうしたの？」という言動 | 「まあ、そんなところだな」「やっぱり B には難しかったな」という言動 |

いう姿勢（みたて）で接し続けると、そのかかわり方によって A が実際に成績が伸びていくのです。逆に B という生徒に対し「勉強ができない」前提で接すると、B の成績は伸びないという現象が起こります。図表 4-1 は生徒 A と B に対する教師の対応の典型的な例をあげています。

　こういった対応が続くと、A はその気になって勉強に励んでさらに成績が伸び、B はやる気を失って成績が伸び悩むのです。これは勉強だけに限らず、素行面でも起こります。A に対してはまじめでいい子、B に対しては不真面目で悪い子という先入観をもって接すると、同じ「落ちていたゴミを拾ってゴミ箱に入れる」という行為を見ても、A には「やっぱり A だな」と対応し、B には「珍しいじゃないか」という対応になりがちなのです。これは A には教師からの信頼感が伝わり、B には逆に不信感が伝わることになります。この繰返しが実際に B の素行を悪化させていくことになります。

　同様のことは、広く対人支援の場で起こります。「第一印象や先入観を持たない」ことは難しくても、それに疑問を向け、常に「違うんじゃないかな？」「本当はどうなのかな？」と疑問と関心を向け続ける姿勢が大事になります。

---

＊22：根拠のない思い込みや予想であっても、人々がその状況が起こりそうだと考えて行動することで、事実ではなかったはずの状況が本当に実現してしまうこと。アメリカの社会学者ロバート・K・マートンが提唱した

## 3 | 支援を求めて来た経緯と 対象者が置かれた状況の確認

　支援関係に入る際には、まず対象者が支援を求めるに至った事情から聴かせてもらうことが多いでしょう。もちろん支援の場によっては、精神的な混乱や激しい感情表出があり、まずは対象者を落ち着かせることが優先されることもあります。その場合はまず、緊急的な対応をして、話ができる状況になるのを待つことになります。

　そこから支援職は、対象者がこの場に来るに至ったストーリーを語ってもらうよう促します。自分の身に起こった困りごとを聞くだけでなく、それについて対象者がどう感じているのか、そう感じたのはその出来事をどう捉えているからなのかなど、対象者の気持ちや考えについても聴いていきます。

　支援職と対象者では、同じ出来事でも捉え方、感じ方が異なります。「結婚することになった」ことが嬉しくない人もいれば、「東京から地方の小さな支社に転勤になった」ことが嬉しい人もいます。このようにわかりやすいものでなくても、嬉しさの程度が微妙に異なることもあるでしょう。相手の立場になって聴く、相手の目を通して見るのは、かなり難しいことです。長期間の訓練をしてもどうしても自分視点で見てしまうくせが抜けない人もいます。

　英語には「Put yourself in someone's shoes.（相手の靴を履いてみなさい）」という言葉があります。比較的同質性の高い社会だった日本と比べ、人種や言語など多様性に富んだ国では教育の中でも、この視点はとても重視されています。インディアンのことわざでも、その難しさを「相手の靴をはいて千里を歩かないと他人のことはわからない」と表現しています。さらにいえば、相手の靴を履いて千

里を歩いたとしても、わかることは少ないのです。このわかり得ない領域の存在を知ること、自分が知れることへの謙虚さが、共感や相手理解の前提となります。知れることへの謙虚さは、他者理解をあきらめていることではありません。

　辛いことではありますが、ネガティブ・ケイパビリティを発揮して、わかり得ないことを受け入れつつわかろうとし続ける姿勢を保つのです。

##  　対象者への共感的理解

　先にも述べましたが、コミュニケーションスキルやカウンセリングの初期のトレーニングなどでは、相手の言葉をそのまま返したり、要約したり、言い換えたりすることを学びます。「上司が厳しい人で辛いんです」との訴えに「上司が厳しい人で辛いんですね」と返すような応答です。これは相手のことをそのまま受けとめている姿勢として有効ではあるのですが、気をつけなければならない点もあります。実際に支援職に気持ち（辛さ）が伝わってきていないのに口先だけで応答すると、対象者はそれを敏感に察知します。「自分の何をわかって『辛い』といっているのだろう」と思われかねません。しかし、対象者はニュアンスの違いを修正してくれず、当たらずとも遠からずだとして「ええ、辛いんです」となってしまいます。そうなると支援職は、本当は対象者の気持ちをわかっていないにもかかわらず「わかった」つもりになって、次の話に移ってしまうのです。

　早く「わかった」つもりになって、対象者の問題を解決して役に立ちたいという気持ちは持っていていいのですが、そのデメリットも

知っておく必要があります。強すぎる目的意識は、対象者を、前例や常識、これまでのパターンにあてはめて、手っ取り早く理解したくなる気持ちを誘発します。目的や前例から離れて、自分とはまったく異なる対象者を、制約なく自由に想像することで、対象者の気持ちが伝わってくるようになります。

　具体的には、どうすればいいのでしょうか。それはまず、3で述べたように、そう感じた背景やそう感じるに至ったストーリーを丁寧に聴くことです。「どのような場面で、相手のどういった対応に対して、どのような気持ちになったか」「その出来事をどう捉えているか、どう意味づけているか」を聴くことで理解が進みます。理解が進むだけでなく辛さの中身が見えてきます。そうすると共感の言葉に嘘がなくなっていきます。

 ## 対象者が解決したいことの共有

　次に、いよいよ対象者の何を解決するのかについて、支援者と対象者が共有する段階です。しかしその前に、「対象者が解決したいこと」について考えてみます。

### ① 対象者が解決したいこと＝対象者の問題か

　「対象者が解決したいこと」と書きましたが、それは一般的には「対象者の問題」とか「対象者の課題」といわれることが多いでしょう。本書でもそう表現している個所があるかもしれません。問題というと、悪いことや不都合なことのようにとられがちです。対象者は欠陥、不

足、未知、未達、未熟、歪みなど、「良い」「普通」とされているレベルと比べてマイナスの状態にあるという見方であり、それを補うのが支援職の役割だという考え方です。この考え方は医療のように客観的・科学的な診断が行える領域では通常行われていて、間違いではないのですが、いくつか注意を要する点があります。

　1つは対象者が、支援職から「あるべき状態ではない存在」として見られていると感じてしまうことです。「対象者（自分）のどこにどんなマイナスがあるのか」と支援職から探られるのは心地良いものではありません。それは対象者と支援職の信頼関係構築の妨げになりかねません。

　また、信頼関係ができたとしても、その関係が平等なものにはなりにくくなります。一方的に支援職から自分のマイナスをみたてられると、二者間に上下関係を生じさせやすいのです。もちろん上が支援職で、下が対象者です。そうなると対象者は支援方針や支援内容についての意思決定を支援職に委ねてしまい、主体性が失われてしまうリスクがあります。専門的な知識や経験のない対象者には、支援職から指摘された問題点を否定することは困難です。上下関係が主体性を失わせるだけでなく、依存心を高めてしまうのです。

　そしてもう1つの、この関係の注意点は、支援職が対象者の問題をつくり出してしまいかねないという点です。早く問題を特定してそれへの対処をしたいと焦る支援職は、十分な検討をせず問題を特定してしまうかもしれません。支援職が対象者の問題解決を、自分が役に立てそうだと感じる専門領域内で行おうとしたりすることもあります。たとえば「なかなか成績が伸びない」と訴える生徒の問題の在りかが、教師は勉強の仕方、親は生活習慣、スクールカウンセラーは人間関係などに起因する悩みなどと考えがちなのです。医者であれば、身体的な異常の有無を確かめるかもしれません。

　この状況は支援職同士が自分以外の専門領域のことも考慮しながら協働してかかわる場合にはいいのですが、それぞれがバラバラに対象

者にかかわってしまうと、対象者はさまざまな見方や意見に振り回されて、どうしていいかわからなくなってしまいます。

　一方で、支援職が対象者の持つ問題の解決が極めて難しいという見通しを持った場合には、逆に自らの専門領域に問題の原因はないとしたくなる心理が働きます。たとえば教師なら、自分の勉強の教え方に問題があるのではなく、親や塾など他の要因や、本人のやる気のなさによるものだと考えたくなるのです。

　支援職は、自分がある程度役に立てそうだと思えば、自分の領域で支援したくなり、役に立つのが難しそうだと思えば、他の領域での支援を促したくなるのです。支援職は自分にこうした気持ちの動きがあると自覚し、全部引き受けるでもなく、全部ほかに押し付けるでもなく、その間に留まりながら自分にできることは何だろうと模索し続けるのです。

## ② 問題の捉え方、問題は「悪い」ことか？

　そもそも問題とは悪いこと、解消すべきことだけなのでしょうか。もちろんそうした面もあるでしょう。医療をはじめとする客観的・科学的アプローチでは、「問題」の多くは対象者の物理的な欠損や異常（豊富なデータを基に科学的に検証された正常値、正常な状態からの乖離）です。しかし、人の心理的な部分を扱う主観的・情緒的アプローチでは、問題はそうした捉え方だけをするのではありません。

　まず、そこには正常や普通という明確な基準がありません。対象者の所属する地域や文化、状況によって、さらに同じ属性でも個人によって正常や普通は異なります。殺人のように多くの国（人）とっては「悪いこと」でも、戦争などの状況次第では「良いこと」になるかもしれないのです。そこまで極端ではなくても、「自己主張の程度」などがどのくらいが適切かは、文化による差、個人差があります。

そこで、同じ境遇にあっても問題と捉える人と捉えない人が出てきます。たとえば、親を大事に思っている人は親の介護に悩むでしょうが、親をどうでもいいと思っている人にとっては問題と感じないかもしれません。

このように何を問題と考えるかは、対象者個人の主観的基準で決まるわけですから、対象者本人に聞かなければわかりません。支援職が自身の基準で「これが問題だ」と決めつけてはいけないのです。そのために支援職は支援の中で出てくる自分の考えを棚上げする力が必要になります。

次に、対象者を悩ませる問題は、厄介なものであると同時に、対象者が成長するきっかけにもなるということがあります。悩み、苦しみ、恐れ、不安といった一般的にはマイナスとされる感情は、その状態から逃れること、支援を受けることを動機づけ、対象者を成長させる原動力になります。よく「対象者に『困り感』がないと支援に入りにくい」といわれますが、困難を乗り越えることで対象者は成長するのです。それから、そうした負の感情を引き起こしているということは、対象者にはそうではない状態を望んでいるということになります。負の感情は対象者が望む状態、ありたい自分を明確化するきっかけにもなります。

支援職として対象者の負の感情は、時として扱いにくいものではありますが、こう考えると「何を目標に生きたいか」「何を大事にして生きていきたいか」など対象者の望みを明確化するためのヒントを与えてくれます。強い負の感情は「私はこうでありたい！ こう生きたいんだ！」という心の叫びなのです。

そう考えると、問題は解決すべき厄介なことであると同時に、成長のチャンスでもあるといえます。問題を良い・悪いという二元思考で捉えず、両面を意識して対象者の中にある「本当はこうでありたいが、そうできない」という葛藤とともに理解することが大事です。

# 6 │ 対象者の課題認識の共有

　対象者の問題について、以上のように考えるとしても、何について、どのような支援をしてほしいかは対象者の意向を確認し、それを2人で共有する必要があります。支援の目的を仮にでも決めなければ支援ができないからです。最初に、対象者がなぜこの場を訪れたか、自分の何をどうしたいのかを聴くのです。対象者が現状をどう捉えているか、何を課題と考えているかについて、そう捉えている理由も含めて教えてもらいます。

　この課題認識は、対象者の中で明確で客観視できている場合もありますが、そうでない場合もあります。考えが漠然としていたり、混乱していたり、強い感情に巻き込まれていたり、考え違いをしていたりすることも多いのです。対象者の口から困りごととして出た言葉が、「眠れない（医療）」「肌が荒れている（美容）」「数学が苦手（教育）」「お金がない（福祉）」といった訴えであっても、緊急時以外はそれで即支援に入ることはありません。その前に、対象者が困難や苦しさを感じた具体的状況と、その場でその状況についてどう思っていたかを再現するかのように丁寧に確認する必要があります。

　その経験の再現は、ただ出来事を羅列してもらうのではなく、対象者の気持ちや考えが付随した、支援の場に来るに至った物語のように聴くのです。そこでは対象者が自分らしくいられないと感じている経験、自分が望む状態でないと感じる経験が語られ、そこに苦しさ、怒り、不安、焦りなどが付随しているでしょう。対象者には、その状態を何とかしたい気持ちがあるのです。対象者の課題は自分が望む状態からの乖離（と対象者が感じていること）なのです。

繰り返しますが、対象者が属する社会の中でこれまでにつくられてきた価値観による常識で「良し」とか「普通」とされていること、ましてや支援職が持つ「良し」や「普通」からの乖離が対象者の課題なのではありません。あくまで対象者が望む状態からの乖離が課題なのです。

## 7 ｜ 支援目標の共有

　対象者が望む自分、望む状態を手に入れるために、何を目標にして支援関係を続けていくのかを話し合います。この目標を決める際に、対象者に家族など影響のある重要な他者がいる場合にはその意向も踏まえて、最終的には対象者自身が目標設定できるように支えていきます。

　課題に対して対象者は「それを解決してこうなりたい」とはっきり目標を口にすることもありますし、課題は見えていてもどうなりたいかが不明瞭な場合もあるでしょう。また、明瞭に語られても、その意味や背景を慎重に確認するのはこれまで述べたとおりです。

　不明瞭な場合は、対象者が語る苦しみや不安など負の感情が手掛かりになります。そこにはある出来事を困りごとだと考えている相談者の考え方が見えてきます。前述したように、負の感情の裏には、そうではない状態を切望している対象者がいます。その「そうではない状態」すなわち、対象者が目指す状態、この支援の目標を明確化していくことになります。

　単純に病院に診察に来たのだから「健康になりたい」、学習塾に入ったのだから「勉強ができるようになりたい」、美容院に来たのだから

図表 4-2　支援目標は「対象者が望む状態になること」

| 内面 | 健康状態 | バイタルサイン、臓器・筋骨・血液の状態など |
|---|---|---|
| | 心理状態 | 思考、感情・気分、感覚など |
| 外面 | 社会的 | 役割、仕事、地位、評価、報酬など |
| | 個人的 | 態度、表情、話し方、くせ、習慣・行動パターンなど |

「美しくなりたい」、ハローワークに来たのだから「働きたい」はずだと決めつけて、支援職がよかれと思う方法で一方的に支援することはありません。対象者の課題認識と目指したいところ（支援目標）を具体的に共有してから始めるのです。

　支援目標は「対象者が望む状態になること」です（図表4-2）。望む状態とは人の内面もあれば、外面もあり、さらに内面には健康状態と心理状態があり、外面には社会的なものと個人的なものがあります。そしてそれらは互いに強くそして複雑に影響し合っています。因果関係も一方向ではなく複雑に絡んでいます。

　また、対象者が口にする目標が、必ずしも真の目標ではないこともあります。医療における「病気を治して健康になりたい」という目標は一見明確であるかのように見えます。しかしこの「健康になりたい」も「何のために」「いつまでに」健康になりたいのかによっては、時間をかけて完治を目指すのか、早めに一定の機能回復を目指すのか、目指すところが変わってきます。教育における「成績を上げたい」、理美容における「美しくなりたい」も同様です。

　とくに、カウンセリングなどの心理支援では「対象者が望む状態」が何なのか、気付けていないケース、ぼんやりとしかわからず言語化できないケース、言語化できていても常識などに囚われて本当の望みではないケースなどが存在します。実際に就職支援のカウンセリングでは、対象者が「何をしたいのかわからない」といった訴えがよくあります。そうしたとき、支援職は自分の枠組みを離れ、対象者の枠組

みで対象者が望む状態をともに探っていく専門性が必要になります。

　目標についておおむね合意できたら、その実現に向けた方策を検討し、実行していきます。おおむねと述べたのは、後で変更する可能性もあるからです。支援の過程には最終決定というものはなく、仮決定の連続です。いつでも変更、修正できる余地はあると認識しておく方が、対象者の変化、環境の変化に対応しやすいのです。

## 8 　目標の実現に向けた方策の実行

　目標設定がおおむね共有できたら、次に対象者の現状と目標とする状態とのギャップを埋める方策を検討します。対象者が支援の方向性や支援内容について納得しているか、違和感を持っていないかを確認しながら進めていきます。対象者は支援関係の中で迷いが出たり、考えが変わったりすることもあります。そうなれば、支援の途中で支援内容の変更が検討されます。一度決めた方針や内容を固定的に考えず、対象者との対話しながら柔軟に対応します。

　支援職は、特定の領域での対人支援に関する多種多様な知識やノウハウを持っているのが普通です。むしろ、専門家として持っていなければなりません。そこで、柔軟に対応といっても、対象者と目標の共有ができているこの段階では、支援職の方から目的の実現のために有益と思われる方策の提案をすることに躊躇する必要はありません。ただし、専門家としてその領域に詳しくない対象者の立場を十分に考慮し、押し付けることなく、対象者がわかるまで丁寧に説明しながら進めます。もちろん提示する方策のメリットだけでなく、デメリットも伝えて、対象者にその方策を主体的に意思決定してもらいます。

# 環境介入 ——————————————————— column 6

　対象者の目標の実現のために、支援職が対象者を取り巻く環境に直接働きかけることもあります。

　対人支援はまず対象者が望む方向に向けて、対象者自身が考え方を修正したり、行動を起こしたりすることを支援しますが、それだけでは目標の実現が困難で、実際に外部環境が対象者の目標の実現を妨げているような場合もあります。たとえば、家族など周囲の人が対象者について誤解していたり、そもそも理解ができていないかったりして、対象者に対して望ましくない言動をすることがあります。また、物理的、経済的制約や体調などで対象者個人では適切な支援制度や窓口へつながることができない場合もあります。コミュニケーションに難がある対象者の場合は、関係者に対し対象者の意思を通訳する役割が必要になります。

　そのようなケースでは、支援職が対象者とともに活動したり、関係者に直接連絡するといった介入行動をとることになります。介入というと大げさな感じがしますが、支援職にとって対象者を取り巻く環境に入っていくことは、それほど大きな覚悟が必要なのです。

　対象者は1人で存在しているのではなく、周囲の関係者との相互作用の中で生きています。また、関係者間でも相互作用があります。対象者にとって望ましくない事象が繰返し起きている場合などは、その事象を起こしているシステムが動いているのです。

　対象者にとって辛い言動をとっている人に対して、それを止めるように注意をしても、解決に至らない場合が多くあります。その人にその言動を取らせているシステムに目を向けて、介入しないとうまくいきません。

　支援職が対象者の環境に介入するには、専門領域の知識やスキルだけではない、家族や組織をみたてる力が必要になります。

方策に関する情報を圧倒的に多くの支援職が持っている状態では、対象者は質問や反論はとてもしにくいし、往々にして思考停止になって支援職のいうとおりに従いがちです。対象者の言葉だけでなく、態度や表情から懸念が見えたら「少しでも気になるところがあったらいってください」「どんなことでも聞いていいですよ」などと確認していきます。

　仮決定とはいえ、目標の実現へ向けて踏み出すわけですから、ネガティブ・ケイパビリティ（別の方策の方が合っているかもという疑問）を少し残しつつ、対象者にとっての緊急性、重要性、効果性、効率性、実現可能性などをともに検討し、合意を得ながらポジティブ・ケイパビリティ優位の支援を展開します。

　対象者の意向を尊重するといっても、鵜呑みにするわけではありません。支援職にとって反対意見や違和感がある場合には、それを対象者に伝えて話し合うようにします。支援職の方が心理的に高いランクにいることも考慮しながら慎重に伝えて、対象者の意見を確認します。「違うんじゃないかな」と思っているのに、それを言わないのは不誠実です。まずは思いを受けとめますが、疑問をそのままにすることなく、「お望みのことはわかりましたが、○○という見方についてはどう思いますか？」「私は○○という見方もしているのですが、どうですか？」などと問いかけます。

　支援職の意見を受けて、リスクや困難さも理解したうえで、主張を変えない場合は、原則的にはそれを尊重した支援を優先します。ただし、自傷他害（自分を傷つけたり他者に害を与えたりする）のリスクや、生命の危険がある場合、また法令に違反している場合などはこの限りではありません。支援職側から強く働きかけて翻意を促します。

## 9 │ 支援の終結

　支援の終結のタイミングについては、対象者の年齢、支援期間（時間）、支援回数など物理的な定めがある場合もあれば、医療のように病気やケガの治癒や症状の安定（寛解）など、望ましい状態に回復し、痛みなど対象者を苦しめる(不快な)自覚症状がなくなったことをもって終了とする場合もあります。後者の方は、まず専門家である支援職の判断があり、患者が合意（納得）する形も多いでしょう。

　しかし、カウンセリングのように支援終了について明確な基準がなく、支援職と対象者で話し合って決める領域も多くあります。

　このような支援では、注意すべき点があります。対象者の支援職に対する依存、そしてそれに支援職の対象者への依存が重なった共依存[*23]です。それまでの支援において、支援職が主導（指示）し、対象者がそれに従い、支援職に頼り切ってしまう関係が続くと、対象者は支援職から離れることを恐れるようになります。そうなると、対象者は1人立ちできる状態になっていても、支援を打ち切ることに抵抗を示します。それはかえって対象者の自立を阻むことになってしまいます。また、支援職も「私が支えなければこの対象者はダメになってしまう」という対象者への依存（自分の存在意義を対象者から頼られることで満たす）が起こる共依存という状態にもなります。そうなると、双方から支援打ち切りが難しくなります。

　さらに、単に頼り依存し合うだけでなく、対象者が支援職に恋愛や親子愛などの支援関係を越えた感情を持つ転移という現象も起こります。また、これとは逆に、支援職が対象者に対して同様の感情を持つ逆転移というものもあります。こうなってしまうとさらに別離が困難

## 目標の実現可能性について ——————— column 7

　ときに対象者が目指したいことが、支援職にとっては実現可能性が低く現実的でないように感じられることがあります。しかし支援職はまず対象者の意向を尊重します。支援職は対象者のすべてを知ることはできません。ましてや、短時間の接点だけで対象者について知りうることはわずかです。対象者には支援職が把握できていない力やリソース（物理的、心理的支援）を持っているかもしれません。

　さらに大事なのは、対象者がそこを目指したいと口にする理由、背景、心情とは何なのかに関心を向けることです。支援職から見て簡単には実現が困難に思えることを叶えたいと訴える相談者には、無理な要求をする（やっかいな）人というイメージを持つかもしれません。しかしそこには、そう訴えざるを得ない対象者の辛さや苦しさがあり、その背景には対象者が願っていること、わかってほしいことが隠れています。

　ここでも支援職は、「やっかいな人」という評価（判断）を保留して、より深く関心を向け、そこに含まれている願いに触れられるよう対話をしていく力が必要になります。

になり、大きなトラブルに発展することもあります。

　依存や転移の感情は、程度の差こそあれ芽生えること自体珍しくありません。しかし、支援職は自分に向けられる対象者の感情に気づき、それをうまく扱い、ときには支援に活かすことが求められます。

　依存と信頼の違いは微妙です。信頼関係によって対象者は目標の実

---

＊23：自分と特定の相手が互いに過剰に依存し合い、その関係性に囚われている状態のこと。お互いが相手に依存するあまり、自分自身を見失っている状態。元々はアルコール依存症の患者とその家族の関係性から生まれた概念。問題を抱える人と、その問題を代わりに解決してあげようとする人の間で負のループが起きている状態

図表 4-3　対人支援のプロセスと発揮する力のバランスのイメージ

| プロセス | ネガティブ・ケイパビリティと<br>ポジティブ・ケイパビリティのバランス |
|---|---|
| 1　面談前準備、事前情報の扱い | |
| 2　初対面、関係構築 | |
| 3　訪れた目的と状況の確認 | ネガティブ・ケイパビリティ |
| 4　共感的理解 | |
| 5　解決したいことの共有 | |
| 6　課題認識の共有 | |
| 7　目標の共有 | |
| 8　方策の実行 | ポジティブ・ケイパビリティ |
| 9　支援の終結 | |

現を自分事化して取り組んでくれる面もあります。それでも支援職は、依存によって主体性や自律性が失われないように、距離を保ちながら支援します。そして自分に芽生える感情にも自覚的でなければなりません。ときに他者をコントロールする感覚は甘美なものだからですが、それは対人支援の基本から外れた思い上がりだといえます。

　対象者を1人の人間として自己決定できる存在として、尊重しなければなりません。対象者から特別な好意を向けられた（逆に、自分が対象者に特別な好意を持っている）と感じたら、個人としてではなく、仕事として支援していることを対象者にも自分にも伝える必要があります。そもそもこれらを防ぐには、支援の最初の段階で、インフォームド・コンセント* 24 を行い、支援の枠組みをしっかりつくっておくことが極めて大事です。

　この問題は、民間のサービスで長期間、何度も支援した方が支援の対価が大きくなる場合、さらに注意が必要です。収益を考えた場合その方が評価されるからです。本書では扱いませんが、対人支援といえなくもないホストクラブや風俗店などのサービス業では、この依存や転移を悪用しているケースが問題視されています。

図表 4-4　キャリアコンサルタントの支援の流れの図（参考）

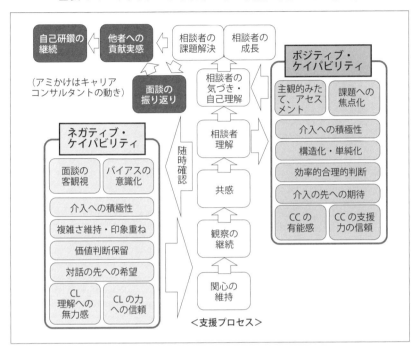

　図表 4-4 はキャリアコンサルティングにおけるネガティブ・ケイパビリティとポジティブ・ケイパビリティを発揮する流れのイメージです。本書の内容にぴったりと沿った表現にはなっていませんが、おおむね同様のプロセスが見られます。

---

＊ 24：「説明を受け、納得したうえでの同意」という意味。支援者が必要な情報を提供し、対象者はそれに同意したうえで自己決定権を行使する。たとえば、医療では治療のリスクや利点を説明し、患者が理解した上で同意を得る。同様に、法律や契約、研究、テクノロジーの利用、教育活動などでも、関係者が情報を提供し、相手方が理解し同意すること

# 第 **5** 章

## 対人支援職エキスパート 10 人の
## インタビューから見える
## ネガティブ・ケイパビリティ

1.　小林佳代子さん（元・幼稚園教諭、保育士）

2.　山本絢子さん（元・私立中学高校一貫校教諭）

3.　永田陽子さん（通信制高校教員、教育関連会社役員）

4.　小川耕平さん（精神科クリニック院長）

5.　米沢　宏さん（精神科医）

6.　浅村由美子さん（看護師　仮名）

7.　松本桂樹さん（臨床心理士、EAP 提供企業所属）

8.　笠島康弘さん（柔道整復師、大学教員　仮名）

9.　佐藤英子さん（訪問介護員・ホームヘルパー、介護福祉士）

10.　伊藤純子さん（元・国際線チーフパーサー）

本書の執筆にあたり、対人支援のエキスパートと呼ばれている10人に1～2時間かけてインタビューを行いました。そこで出てきたエキスパートたちの言葉を引用しながら、筆者の感想や考え、思うところを述べていきます。

　筆者のコメントにおいて、いちいち「これはネガティブ・ケイパビリティです」と記載はしていません。ここまでお読みになった読者の皆さんですから、ネガティブ・ケイパビリティとはどういうものか、ある程度ご理解いただいているでしょう。皆さんなりに各インタビューの中にあるネガティブ・ケイパビリティ的なもの、あるいはポジティブ・ケイパビリティ的なものを感じながらお読みください。

　インタビューを受けてくれた10人のエキスパートは次の3つの条件をすべて満たす人です。

> 1.　各領域において、おおむね20年以上の実務経験を有する人
> 2.　筆者の人間関係の中で、周囲からの評価も高く、各領域の関係者から推薦された人
> 3.　本書出版の趣旨を説明し、同意を得られた人

　主に次のような項目についてインタビューを行いました。

## 1. 支援（仕事）の概要

●支援期間や頻度、支援の範囲や目的、特徴など

## 2. 対象者観

●患者、利用者、顧客、生徒など対象者をどのような存在だと考えているか

## 3. 対象者の理解の仕方（みたて方）

●対象者との初対面時に、対象者をどのような人物だとみたてているか。あるいはみたてないか

●対象者の問題をどのようにしてみたてているか

●いったんみたてた場合、その後の修正の可能性をどの程度意識しているか

## 4. 対象者とのかかわりや関係性

●実際のかかわり方やあるべき関係性

## 5. 対象者以外の関係者とのかかわりやその中にある利益相反

●対象者に影響のある人や、支援職の支援に関係のある人などとの関係性や、それらの人と対象者の利益の相反など

## 6. 支援の終了や評価

●支援終了時の様子や、支援終了後の評価に関すること

## 7. 支援職の自己理解など熟達化に関係していそうなこと

●他者を支援する上で必要となる自己理解の深化や、熟達化に影響したと思われる経験など

　エキスパートたちのコメントは、あくまでその人の主観であり、その領域の専門職すべてに通じるものではありません。その点はご注意ください。

# 小林 佳代子さん（元・幼稚園教諭、保育士）

**profile** ───────────────────

小林 佳代子（こばやし・かよこ）
幼稚園教諭・保育士養成の短期大学卒業後、幼稚園の先生を8年、企業内保育園や託児所に3年、その後医療事務の仕事などを挟んで、再び幼稚園に10年勤務。昭和女子大学大学院 福祉社会・経営研究科修了。現在は保育園や幼稚園に対して会計面などのサポートと保育内容、特別支援、保護者対応などを行うコンサルティング会社を経営している。

## ① 支援（仕事）の概要

　幼稚園教諭が園児とかかわるのはプレ（未就園児クラス）からだと4年、通常2〜3年、保育士の場合は0〜5歳児になるまでです。担当する園児の数は幼稚園だと35人以下、保育園では年齢により配置基準により変わります。支援の範囲は在園中の生活と学び全般、そして保護者対応です。

　支援の目的について、幼稚園教育要領と保育所保育指針の両方に示されているのは、「生涯にわたる人格形成の基礎を培うこと」です。この人格形成の中には、園児が自分の個性に気付き、それをうまく発揮できるようになることも含まれています。

　幼稚園教諭・保育士は、他の支援職と比べると次のような特徴があります。

・対象者は家族以外の人と長くかかわるのが初めての場合がほとんど

・対象者の年齢が低く、年齢のばらつきが少ない

・対象者と支援職の年齢差が大きい

・対象者の心身の成長速度が速い時期にあたる

・対象者に連日一定時間かかわり続ける

・対象者が在園中は学ぶ、遊ぶ、食べる、寝るなど生活全般にわたり、他の園児との関係性にも気を配る

・対象者の年齢が低く、先生との関係が上下関係になりがち

・対象者は言語化、判断などの力が未熟なため、保護者との関係が重要になる

・少子化で子どもの数が減ってはいるものの、女性の就業率が高まっているなどの理由から、幼稚園教諭、保育士は全国的に不足している

　これらの特徴が、この後述べる幼稚園教諭・保育士の園児とのかかわりに大きく影響しています。

## ②　対象者観

　小林さんは、対象者（園児）がどういう存在かについて、次のような発言をしています。

◎ 園児はスポンジのようです。良いことも悪いことも何でも吸収します。環境によっていかようにも変わっていきます

◎ 基本的に全員「いい子」だと思っています。乱暴な子も、何か理由があってそうしていると思います。これは、保護者も同様です。クレームを言ってくるのも、そうせざるを得ない理由があるのです

◎ 子どもは褒められたりして自分の得意なことが見つかると、よりそれに取り組んで伸ばしていくだけでなく、苦手なことや嫌なことにも挑戦するようになります。得意なことはどのようなことでもいいんです。そこから波及していくから

＊

　園児を「スポンジ」と表現して、何でも吸収して、いかようにも変化する存在としています。大きく変化、成長する存在として見ている

**123**

ので、「この子はこういう子」という、みたての固定化をすることはありません。そして、園児が自分の良いところを見つけて自信を持つと、苦手の克服につながるという見方をしています。

また「いい子」という言い方で、肯定的な人間（園児）観が語られています。この「いい子」というのは、「他人を傷つけてはいけない」など、先生側が持つ善悪の規範（道徳）の価値判断に基づいています。しかし、あるときは「悪い子」であっても、その言動の背景を知ろうとし、「この子は乱暴な子」という評価を固定化していません。

## ③ 対象者の理解の仕方（みたて方）

まず、大前提として園児は「全員がいい子」であり、「大きく変化、成長する存在」という見方をしていますので、みたてを固定化していません。「この子にはこういう面もあるな」と随時更新しています。それを踏まえて小林さんは次のように言っています。

◎ 入園前に見学に来たときに知りたいと思うのは、どのようなことが好きなのかということです。そこを伸ばしてあげたいからです。

　それから、兄弟姉妹の有無などの家庭環境の情報から、ある程度の推測はします。兄弟姉妹がいない場合は同世代の子ども同士のかかわりが少なく、まずそれに慣れるところからになるかなと考えます。また、長子か下の子かによって、親のかかわりが違うことが多いのです。一般的には、長子は子育てが手探りなので丁寧にかかわりがちですし、下の子はいい意味でも悪い意味でもあまり手をかけなくなる場合があります。また、下の子が生まれると、面倒をみたがることもあれば、かまってもらえなくなって退行*25することもあって、そこがどうであるかで子どもの内面を理解する手掛かりになります

◎ 入園前の面談で、保護者にはふだんの子どもの様子を聴きます。とくに気になる子については、丁寧に聴きます。落ち着きがないなどでふだんから手を焼いている場合は、そういうときに家ではどうかかわっているかを聴いておきます。そして園ではどうかかわっていけばいいのかを保護者と話し合います

◎ 園児は家での出来事を園でも再現します。園でするおままごとなどに、その子の家族の関係が見えます。家族の人間関係、たとえば、父親がどんな風に扱われているかなどですね。逆に家で幼稚園の先生のまねをする子も多いようです

◎ 今では、初期のみたてがその後大きく違っていることは少なくなりました。もちろん園児はどんどん成長していきますが、根本のところは残っている気がします。私は最初の頃は目の前のことに精一杯で、そもそもみたてるような余裕がありませんでした。その頃は園児が帰ってから、その日起きたことやそのとき考えていたことなどをひたすらメモしていました。経験を重ねていけば情報は蓄積されてきます。ですが、みたての精度は上がってきたとしても、常にそのとおりではない可能性を意識しています。そして「こういう子にはこうしたらいい」という対処方法をパターン化することはありません。やはり個々の園児の、そのときどきの状況で異なるんです

＊

　小林さんは入園前の保護者を交えた面談などで、園児を受け入れるための準備として「どのような子どもか」「どこに気をつければいいか」「何に配慮したらいいか」などについて、一定のみたてをしています。おもしろいのは、園でのおままごとにその子の家族関係が見えるとい

---

＊25：受け入れがたい欲求や感情に直面できず、自我の発達が逆戻りしてしまうこと。ある程度成長した子どもが、赤ちゃんの頃のように戻る「赤ちゃん返り」は退行であり、何らかの原因によって不安が高まって、生じていると理解できる

うコメントです。保護者対応の参考にもなるようです。

　また、経験を積むにしたがって、みたての精度は上がっていくと言っています。園の先生としての熟達化の一面とも言えそうです。しかし、その一方で園児が変化、成長することが前提なので、常に違った面が出てくる可能性に対して開かれています。そこに期待しているような感じさえしました。そして、経験を積み重ねて似たような事例の対処をしてきたとしても「こういう子どもはこうしたらいい」といった決めつけを持たないように心掛けているといいます。

## ④　対象者とのかかわりや関係性

　園児とどういう関係か、どういう関係でありたいか、それを背景にして実際にどうかかわっているか、についての小林さんのコメントです。

◎　自分を見てほしい、気にしてほしいという園児の気持ちに対して、すべての園児に公平にかかわれないという割り切りはあります。それでも、かまってほしいという表現をはっきりとしない子にも気を配って、かかわるように気をつけています

◎　自分の完璧でないところ、苦手なところも、園児に見せるようにしています。「先生＝完璧」ではないからです。保育を学んでいた学生の頃は、完璧なお手本にならなければいけないと思っていました。でも、今の子どもたちを見ていると「失敗しちゃいけない」「間違えちゃいけない」という思いが強すぎるように感じます。失敗しても間違えても、（そこから学んで）もう1回やればいいということをわかってほしい気持ちがだんだんと強くなってきました。子どもたちが将来壁にぶち当たるときのために、そういう姿勢を身につけてほしいんです。先生もああだったなと思い出してくれるといいなと思います。自分が失敗した時もそうだし、お友達が

失敗したような時もそういう目で見られるようになってほしいのです。園児がその場でそこまで理解できなくても、繰り返し見せて、伝えていくことが大事だと思っています

◎ 失敗したときに感じる悔しさ、悲しさは大切にしたいです。頑張ったからこそ悔しいし、その悔しさが「次は頑張ろう」につながるのだと思います。失敗したときの気持ちは「頑張ったのに（思うようにならなくて）悔しいね」としっかり受け止めて、それから「じゃあ次どうしようか」となっていく。そういうかかわりが大事だと思います

◎ 子どもを子ども扱いしないようにしています。1人の人間として尊重するようにしています。どういうことかというと、まず子どもの気持ちをよく聴く、言葉が拙い分とくによく聴くようにしています。傾聴するんです。友達をたたいた場合は、たたかれた子どものことも考えて、まず「たたくという行為」はいけないとすぐに叱ります。その後で何があったのか、どういう経緯でたたいたのかをよく聴ききます。その子なりのたたいてしまった訳があるはずです

◎ 相手が小さいので、指導的にかかわること、誘導することは簡単にできてしまいます。たとえば作品展をやるとして、クラスで何をつくるかを決めるとき、こっちが決めて進めた方が早いんです。でもそれでは園児は成長しません。作品展をやることが目標ではなく、その活動の過程を通して園児が成長することが目的です。何をやりたいかを個人で考えてきて、それぞれ発表して、同じような意見をまとめたり、話し合ったりしながらクラスとして何をやるかについて合意形成する、その過程で園児は成長するのです。昔は先生主導でクラス運営している園も多かったようですが、今は大学や高校で取り入れられている学習方法が幼稚園にも取り入れられてきています。年齢差が大きい分上下関係になりやすいので、余計そうならないように気をつけています

◎「先生教えて」と言われてもその内容によってはすぐ教えず、子どもにどうやったら自分で調べてそれがわかるようになるかを問いかけます。自分でわかるまでのプロセスを一緒に辿るようにします。わかる楽しさを知ってほしいんです。たとえば、寒い日の朝、子どもが「池が凍ってたね」といったら、「水って凍るんだね。どうしてかな？ みんなで考えてみよう」「カップに氷を入れておいたら明日の朝も凍るかな」「今日外に出しておいて明日の朝見てみようか」などと知的好奇心を刺激するようにします。そしてそれを満たす喜びを感じてほしいんです

◎ 仕事の中でこれが正解ということはないです。すべてがオーダーメイドです。AIを使って答えが出せるとは思えません

＊

まず、公平さについての諦めのような言葉がありましたが、おとなしくしている子どもへの配慮が語られました。見逃しがちになることを自覚されているのでしょう。

先生側の完璧さについても、そうでなくてもいい、むしろそうでない面を積極的に見せています。それは失敗を隠さないオープンな姿勢や、失敗を糧に立ちあがっていく逞しさ、レジリエンスを身につけてほしいという思いからです。

次に言われたのは、上から指導するようなかかわりをしないようにという強い戒めです。園児の好奇心を育み、園児に考えさせること、園児同士で話し合うこと、そこから園児なりの答えにたどり着くことを大切にしています。そしてあらためて、園児とのかかわりに正解はないこと、すべてが個別事案であることが語られました。

## ⑤　対象者以外の関係者とのかかわりやその中にある利益相反

園児以外では、やはり保護者（親）とのかかわりが主なものになります。

◎ 親御さんにとっては子どもを初めて1人で家の外に出す場合がほとんどです。それまではその家の方針で育ててきたわけですし、その方針に沿った保育を期待されます。ですから、親御さんのお考えを知っておくことは大事です。でも、家庭によって「ケガくらいしかたない」から「ケガなんてとんでもない」まで大きな差があります。どこまで言っていいのか、どこまでやっていいのか、どこまで踏み込んでいいのかは、ご家庭ごとに探り探りです。「たたいてもいいから厳しくやって」などといわれると、一瞬「え！」と思いますが、そういうお考えなのですからしかたがないです。もちろんたたいたりすることは決してありません。それら個別のお考えを受け入れつつ、園の方針や、クラス全体のことを考えて、親御さんと話し合いながら園児とかかわるようにしています

◎ おむつ外しなども頼まれるのが普通になってきました。ちょっと前までは「おむつ外すから入園させて」だったんですけどね。今は子育て支援の色が強いので、親御さんと一緒に頑張りましょうという感じ、時代の流れですね

◎ 子どもの自主性を尊重し、のびのび育てる園、決められたカリキュラムをこなしていく園もあるように、園の方針はさまざまです。それぞれ一長一短があって、家庭の教育方針によって幼稚園を選ぶことになります。親御さんが選ぶとはいえ、そこでされる教育は子どもに大きな影響があります

◎ 最近は、セキュリティ向上策として園に監視カメラが設置されるようになっています。園児の観察、不適切なかかわりの防止はもちろん、問題となる事案が発生したとき、何があったのかを具体的に保護者に丁寧に伝えられるようになっています。私も、事実と自分が感じたこと考えたことを分け、そのときの判断基準や今後の対応まで伝えるようにしていました。

*

特徴のところでも述べましたが、子どもにとっては初めて家の外で家族以外の人と一定時間かかわることになります。しかも、まだ幼く自己表現もつたない状態です。子ども自身が心細いのは当然のこと、保護者は不安と期待とが入り混じった気持ちです。その気持ちは家庭ごとに異なります。入園前に大きな園の方針は合意してもらうとしても、個々の家庭の考えと全体最適を調整していくのはとても難しいと思われます。

　幼稚園の経営（園児募集）の面も無視できません。個別最適と全体最適のどちらに偏るわけでもなく、また一定のやり方があるわけでもなく、その場その場によって判断しているようです。このあたりのカンドコロができてくるのも熟達化といえるでしょう。

　バスへの園児放置や虐待など痛ましい事件を背景に、保護者に安心感を持ってもらうため、また何かあった際の保育士を守る証拠として監視カメラの設置が進んでいることや、バスの安全装置が行政の指導で取り付けられるようになったことも述べられています。絶対的な規範である「園児の安全の確保」については、明確さや具体性が求められ、危機が迫れば躊躇はありません。そこではネガティブ・ケイパビリティは排除されます。

## ⑥　支援の終了や評価

　自分の園児へのかかわりについての評価や卒園時の思いなどについて、小林さんは次のように述べています。

◎ 保育園には、国の自己評価ガイドラインがあります。これには、園児とのかかわりだけでなく、園内スタッフ、保護者や地域との関係など、園の運営全般にわたって記載されています。そのガイドラインをもとに、独自の方針を加味して定められた評価基準もあります。園全体としてはそれをもとに、できた点や改善点を確

認し、さらに質の高い保育に繋げていくことになります

◎ ただし、1つひとつのかかわりに、その場で「良かったのか、悪かったのか」と答えを求めていると他のことができません。就業後などに、答えではなく「今日のこの状況でできることがやれただろうか」と自問自答します。園でのかかわりがよかったかどうかは、数年後、卒園後の子どもの中にあることです

◎ 親御さんの意見なども含め、園児ごとに「こうなっていたらいい」という目標は持ちますが、園児にムリにそれを押し付けることはしません。目標達成に向けて、かかわり方を工夫したり経験ができる機会を作るなどしています。結果的にそうなっていたらいいという感じです

◎ 卒園するときに「園が楽しかった」「小学校でも頑張ろう」という前向きな気持ちになっていてほしいと思います。新しいことに挑戦できる自分を感じていてほしいんです。総じていえば、未来に希望が持てるようになっていてほしいということでしょうか。もちろん子どもは明確に言語化できないかもしれませんが…

◎ 卒園は大きな区切りです。気持ちを次の年度に切り替えます。かかわった子のことは覚えていますが、中でも手のかかった子は忘れられないです。同じように愛していたはずなんですけどね。けれども、こちらから連絡を取ることはないです。たまに向こうから園に遊びに来たり、評判を伝え聞いたり、年賀状の写真やコメントを見たりして、「あんな子が立派になって」と感慨深く思うこともしばしばです

＊

　園として守るべきものが守られていたかなどの評価基準があり、毎日就業後にすべきことができていたかを振り返っています。しかし、個別のかかわりの評価については、正誤などの判断を保留している様子が語られています。

また小林さんは、本来の評価は先生側がするものではなく、将来の子どものなかにあると考えています。卒園時の仕上がりイメージも持つものの、それを押し付けて型にはめようとはしていません。ただ、園での成長を背景に卒園時には自分の可能性を信じることができるようにと願っています。卒園した子どもがそれを実感していれば「よかった」といえるのでしょう。しかし、多くの場合それを確かめることはできません。

　卒園児を送り出して、新たな入園児を迎える仕事ですから、卒園を区切りにして、その先へのかかわりはできないと割り切ってはいます。支援職の方から個人的に連絡することもありません。ただ、人間ですから気持ちが残る子どもはいるようです。

## ⑦　支援職の自己理解など熟達化に関係していそうなこと

　園の先生として熟達していくことに関しては、次のように話されています。

◎ ひと昔前は、なんでもきちっきっちとやることがいいと求められていた気がします。けれども、今はそうでなくていいと思っています。先生も試行錯誤すること、そしてそこから学んでいくことの大事さを伝えたいんです

◎ 自分たち先生の善悪などさまざまな判断基準、考え方、興味の在りかなどが知らず知らずに出て、子どもたちに影響を与えてしまいます。先生側が自分の考え方の傾向や興味の在りかなど自覚しておかないと、無自覚に子どもたちを方向付けてしまうのです。子どもたちの多様性を尊重するには、先生側の自己理解が必要です

◎ 学校で学ぶ知識や理論も大事ですが、それより経験が大事かな。学校の成績と先生としての評価はリンクしないと思います

◎ 若い先生には、経験豊富な先生をよく観察して、質問したり相談

したりほしいと思います。最初は見様見真似でもいいのです。人にもよりますが、3〜5年ほどで楽しくなってくる仕事です。それまでは覚えることが多くて大変ですが、だんだん俯瞰して見えるようになります。事務仕事も先を読んで効率的にできるようになって、子どもや親御さんに向き合える時間が長くなります

◎ 苦しいこともあるけど、楽しくてやりがいがある仕事です

＊

　まず、先生として完璧でありたいという考えが、失敗してもそこから学ぶ姿勢を見せられるほうがいいとの考えに変わってきたと語られました。より自然に、そしておおらかな対応になってきたのだと思います。

　そして先生自身が自分を知ることの大事さを強く訴えられました。スポンジのように何でも吸収する園児に対して、先生の影響は大きいものがあります。先生の考えが強く出すぎると園児を一方向に誘導してしまう危険があるというのです。

　また、観察学習[26] や代理体験[27] を含む経験を通して学んでいくことを重視する姿勢は、対象者の理解においてみたての精度が上がってくる話に通じています。

　最後に、語られたことから感じるのは、つらいこともある中で熟達化を支えているのは、「この仕事が楽しい」「この仕事にはやりがいがある」という気持ちです。早期離職が多い業界ですが、何とか3年、5年と続けて、その気持ちを実感できるようになっていただきたいと思います。

---

＊26：他人（モデル）の行動を観察および模倣することによる学び
＊27：他人が達成したり成功したりするのを見聴きする体験

## 山本 絢子さん <small>（元・私立中学高校一貫校教諭）</small>

**profile** ───────────────────────────

山本 絢子（やまもと・じゅんこ）
18 年間公文国際学園中等部・高等部の教員（数学）として教鞭を取る。その後退職して社会構想大学院大学で学び、実務教育学修士（専門職）を取得。現在は小学校で教えるかたわら、予備校、大学院にも勤務している。

## ① 支援（仕事）の概要

　生徒とかかわる期間は最長 6 年。担任でなくても、在校していればかかわることが可能です。1 クラスの人数は 40 人程度です。支援の範囲は生徒の在校中の授業、課外活動をはじめ生活全般、そして保護者対応です。

　支援の目的は、学習指導要領に定められており、「生徒の人間として調和のとれた育成」「生徒が未来社会を切り拓くための資質・能力を一層確実に育成することを目指す「予測困難な社会の変化に主体的に関わり、感性を豊かに働かせながら、どのような未来を創っていくのか、どのように社会や人生をよりよいものにしていくのかという目的を自ら考え、自らの可能性を発揮し、よりよい社会と幸福な人生の創り手となる力を身に付けられるようにすること」などといった文章が見られます。

　山本さん個人の目的としては「中高生の時代にひとつでもキラっとしたものを見つけてほしい。いずれノーベル賞を取るような子を育てたい」「やり方、解き方ではなく考え方を学び、多様な答えの導き方

を学んでほしい」「今の学びが将来につながっていることや、学ぶことそのものの意義を伝えたい」といったことが語られました。

　中学・高校一貫校の教諭は、他の支援職と比べると次のような特徴があります。
・対象者の年齢がおおむね 13 〜 18 歳の範囲内で、思春期にあたる
・対象者に 6 年間、季節の休み以外の平日一定時間かかわり続ける。部活動の顧問などの場合は、休みの日もかかわる
・対象者が在校中の活動全般（授業、課外活動、給食、交友関係など）にかかわる
・対象者の体の成長が著しく、心が不安定になりやすい時期でもあり、服装や生活面の乱れなどにも注意を払う。またほとんどが未成年であることから、保護者との協力関係が重要になる
・先生が生徒に上から知識を提供する立場から、主体的な学びを促進する立場に移行している
・卒業（支援の終了）までに進路を決めることが求められ、就職率、進学率、とくに有名大学への進学実績が問われる。それらが子どもが減少するなかでの生徒募集にも影響すると考えられている

## ② 対象者観

　山本さんは、対象者（生徒）についてこのように言っています。
◎ どの生徒も個性を持った貴重な存在です。「普通の生徒」と「普通じゃない生徒」と分けるような見方はしていません
◎ 誰もが成長する力と多様な可能性を持っています。そしてそれらが引き出されるのを待っています
◎ とくに中学 3 年生、高校 1 年生で急に大人になる感じがします。自分の気持ち中心に話していた生徒が、他人の立場も考えて話す

ようになります。そういう姿を見るのは嬉しいものです

◎ ほとんどの生徒は上級学校に進学すること以外に、何か明確な目的があって入学してくるのではありません。何のために学校に通うのかも明確でない生徒もいます。入学してから、それを生徒自身が見つけてほしいんです。ただ生徒は自分だけでは、自分がどうなりたいのか考えるのは難しいです。教員は口を出さずに生徒主体で学校行事に取り組ませ、やった後で振返りをさせるなどの経験を増やして、そこから自分の強みを見つけたり、好き嫌いに気づいてもらうようにしています

＊

山本さんは入職間もない頃の、クラスに馴染めない生徒とのかかわりのなかで、人と同じようにさせることよりも違うことの中に価値があると思うようになったと言います。そして6年間で大きく変化、成長する生徒たちを見てきて、生徒の可能性を信じる姿勢が身についています。実際に他者の視点で考えられるようになっていく生徒の姿に喜びを感じています。

ただし、入学時には意欲的な生徒ばかりではないようで、山本さんは目的にもあったように、そんな生徒の経験を増やしながら、学ぶ意味、生きる意味、そして自分の個性を見つけてほしいと願っています。

## ③ 対象者の理解の仕方（みたて方）

長期間のかかわりとなるため、その期間での変化が大きく、そもそも「みたて」というものがしっくりこないようです。具体的には以下のようなコメントがありました。

◎ 3年間、6年間の中で生徒は成長しますから、固定的には見ません。今よくない状態に見えても、本来成長できる力があります。だから長期的視野で見ます。また、一面の評価をその生徒全体の評価

に波及させないようにしています

◎ 学年間などの申し送りや他の先生の貼ったレッテルは鵜呑みにしません。事前情報はそれとして、なるべく先入観なくニュートラルに自分の目で見たいんです。もらった情報を生徒と関わるときのヒントにすることはあります

◎ 学力は主に試験で見ます。授業での様子や態度、ふだんの言動からある程度見えることはありますが、そのとおりでないこともあります。たとえば、よく本を読んでいて物知りで、大人びた発言をしていても、試験の出来はよくないこともあります

◎ 生徒は多彩な面を持っていますから、「生徒のすべてをわからなくてもいい」という気持ちもあります

＊

　3年、6年と長期間かかわることが普通であるため、生徒を大きく変化、成長する存在として見ています。そして前の学校や前担任など他の先生からの生徒情報や評価は目にしたとしても、それらに左右されず自分の目で確かめようとしています。先入観なく見ることを大事にしていると同時に、山本さんの教師としての自負を感じました。

　また、授業や課外活動など校内生活全般を観察できることから、生徒には多様な面があることが意識されています。ある場面では暗く見える生徒が、別の場面では明るく振舞うことは普通なのです。積極性と消極性、荒っぽさと細やかさ、自信と不安など、1人の生徒であっても相反する特徴も含め多様な面を同時に持っています。生徒のある一面だけを見てレッテルを貼ることがないようにしているのです。

　また、校内生活全般が観察できるからといって、すべてを見ることはできず、まして家庭など校外での姿はほとんど見ることができません。仮に見ることができたとしても、生徒自身も気づいていない生徒の個性や力があると思っているため、「生徒のすべてをわからなくてもいい」と考えています。これは、わかることを諦めているのではあ

りません。わかりたいけれどもわかり切ることはできない、だからこそ少しでもわかろうとしているのです。

## ④　対象者とのかかわりや関係性

　主に、生徒の多様性を尊重、歓迎することと、近年の教員の役割の変化について述べられています。

◎　想定外をそのまま受け止める授業がしたいと思っています。生徒とのかかわりの中から、自分は生徒がどこがわからないのか、なぜわからないのかがわかっていなかったと気づかされました。テストを消せないボールペンで解答している生徒に、何でダメなんですか？ と聞かれて「ウッ」となったことがあります。そうしたことも説明しないとわからない生徒もいるんだなと

◎　そういう生徒から学んだ対応が他の生徒にも活きます。いろいろな生徒にたくさん接すると、たいていのことには驚かなくなります

◎　普通から外れていることを、その生徒の評価には繋げません。むしろ人と違うことには理由や価値があると考えるようになりました

◎　入職してすぐの頃、発達障害のある生徒と教室の外でよく過ごしました。「そんなこと考えたんだ」とこちらが思ってもいない発想がありました。それ以来、授業でもこちらの想定する普通とは違う考え方をする生徒がいることを意識するようになりました。一律で教えるのはムリなのです

◎　昔の「先生は物知りで先生の言うとおりにやればいい」という考えは、まだ勉強においては残っています。でも情報機器の使い方などでは生徒の方が詳しいことも普通です。教員の生徒に対する知識量の優位性は小さくなってきています。さらに総合的な探究の時間などでは「教える」ことそのものに重きを置いていません。教員は教えるのではなく、生徒が探究することを支援する役割な

のです

◎「教えたい」「教員は教えるものだ」と思っている先生は戸惑っています。そういう先生は探究のテーマを自分が指導できる内容に誘導しがちです。一般の授業でのグループワークでも想定外の話が出ないかを心配しています。全グループの話題を把握しておきたいんです。そうでなければ教えられないし、教えられなければ先生の価値がないと思っているからです。また、授業時間内でまとまらないことを恐れてもいます。そういう先生方は、今の流れの中で苦しんでいるだろうと思います。まず自分で考え、それから仲間と協力して考えていくプロセスでの学びを豊かにするには、生徒に委ねた方がいいのです

◎ 今までは、教員が自分なりの落としどころを持っていて、授業をコントロールできました。それでやってきた先生にとってはストレスフルだと思います。実際、苦労している先生も多いと思います

◎ 災害時や深刻ないじめなど生徒の身に危険が及んでいる状況では、生徒に委ねるという姿勢はありません。教員は躊躇することなく対応をします

＊

前半では、生徒の個性、多様性を歓迎する姿勢が語られています。そして普通と違う個性の中に光るものがあると感じています。山本さんの普通という概念は、異質な生徒とのかかわりの中でなくなってきているようです。そして、そういう生徒から学んだことを授業などでも活かしています。熟達化のプロセスともいえそうです。

後半は、教員の役割の変化が述べられています。先生が主導して教える立場から、個々の生徒の主体的な学びを支援する立場へと転換してきています。その中でのこれまでの考えを持った先生の苦しさも、共感的に語られました。

先生にとって、生徒に委ねる、手放すということは難しいことのよ

うです。そこに「生徒は未熟で、教員が教え導くべき存在」という生徒観があるように感じるのは筆者だけでしょうか。筆者の専門はキャリアカウンセリングで、高校の進路担当の先生と話すことがあるのですが、そこで何度か「うちの生徒には自分で進路を決める力はない」という発言を耳にしたことがあります。山本さんとは真逆の意見です。そう決めつけてしまうと、生徒に委ねることはできないでしょう。生徒にとっては、自分で考え、意思決定する機会、成長の機会を奪われてしまうことになります。

　ただし、危機的状況を乗り切る際には、教員がポジティブ・ケイパビリティを発揮して対応することも触れられています。

## ⑤　対象者以外の関係者とのかかわりやその中にある利益相反

　保護者とのかかわりの難しさと、学校内部での意見の相違およびそれへの対処について語られました。

◎ 学力の低下は、親との関係の影響も大きいです。親が「勉強しなくていい」という姿勢だったり、ほったらかしだったりです。教員としては親を変えるのは難しいので、主に本人の意識を変えるようにアプローチします

◎ 保護者に対して何もしないわけではありません。学級懇談会では、生徒たちの様子やその学年でできていてほしいことなどを伝えるようにしています

◎ 小学校での過干渉から、中学生になったら急に本人任せという保護者も見られます。共働きやひとり親など子どもと関わる時間が短い家庭も多く、子どもが長い時間を過ごしている学校に任せたい気持ちもわかります

◎ 家の方針があるのはまだいい方です。「これが普通ですよね」と学校に要求してくるような家庭が難しいです。たとえば「カードゲー

ムを学校で禁止してくれ」といった丸投げなどです。その家の子どもも他責にならないか心配になります

◎ 学年主任からの「あの生徒の遅刻を減らす指導をするように」という指示があっても、声をかけたところですぐに改善するようなものでもありません。担任には「もうちょっと待ってほしい」という違った考えがあり、葛藤状態になります

◎ 学校になじめず転校を考えている生徒がいた場合に、受け入れた責任や授業料など経営的側面から組織としての「退学させないように」という意向と、「この生徒はうちの学校でない（通信制などの）方がいいかもしれない」という葛藤があります。さらに「うちの学校でない方がいい」という意見に対しては、「もう少し時間をかければ成長する、そうすればこの学校に適応できるから待とう」という考えも出てきます。どうするのが生徒のためになるかは、生徒本人、保護者が決めることではありますが、教員のスタンスとしてどの立場をとるか難しさを感じます

◎ 生徒の成長を見守るということが「何もしていない」と思われることもあります。保護者から「先生なんだから何とかして」と思われているのも感じますし、学年主任などからも「何かすべきじゃないか」という圧力もあります。生徒を信じて待つ、生徒に委ねるという姿勢を保つのはけっこうストレスです

*

　正解がない支援ゆえ、保護者の意向や期待、校内の意見の相違などに対して、どちらに偏ることなく臨機応変に対応していくことの大変さが伝わってきます。経験を重ねれば対応するための方策はいくつも身についていくと思われますが、個別の事案に対しては、曖昧さや葛藤を抱えながら、仮にでも自分の立ち位置を決めなくてはなりません。「こうすればいいという答えはない」ということを受け容れたうえで対処していく力が必要なようです。

## ⑥ 支援の終了や評価

　卒業時の思いやそれまでのかかわりの評価に関する山本さんのコメントです。

◎ 学校でのかかわりについて、学校や学年としては振り返りをします。個人的な手ごたえの感覚もあります。個人としては、個々の生徒との関わりについて振り返りをして、その生徒にとってよりよい支援ができただろうかと考えます。しかし、その時点で関わりを評価することはしません。とはいえ、自分が担当した学年はかわいいです

◎ 誰かと比較してではなく、その生徒として「よく頑張ったね」「成長したね」とは思います

◎ 卒業時の望ましい状態は、進学先がどこかでなく、なりたい自分になることだと思っています。だから評価は卒業時にはわかりません

◎ 卒業した生徒から、「学校での経験が糧になっている」とか、「今思えばあのとき怒られたのがよかった」とか感想をもらえるのは嬉しいです。生徒の内面にある充実感や満足感につながっているかどうかが評価だと思います。どこに進学した、どこに就職したなどの外的な面は本人の努力の結果であり、本人の責任だと思っています

＊

　卒業時に、それまでの自分のかかわりと生徒の頑張りや成長について振り返りをしています。教員の主観的な評価や、手応えも持っています。しかし本来の評価は、もっと先の将来の生徒自身の中にあると考えています。生徒の内面にある中高時代の経験が生きているという感覚が大事だといっています。いつかそう思ってくれるようにと願って生徒とかかわってきたということです。

## ⑦　支援職の自己理解など熟達化に関係していそうなこと

　対象者との関係のところでは、生徒の多様性を受け容れていく熟達
のプロセスに触れましたが、ここではそれに加えて、ストレスを感じ
ながらも、徐々に生徒に委ねることができるようになることについて
述べられました。

◎ 生徒は、自分の良いところもそうでないところも教員が受け入れて
　くれる、多様な面を評価せずに知ろうとしてくれていると実感で
　きれば、耳障りな指摘も聞いてくれるようになるし、話してくれ
　るようにもなります。生徒との良い関係をつくるには、教員側の
　評価せずに受け入れる姿勢や、生徒に向ける関心が大事なのです

◎ 生徒に委ねて口を出さず待っている先生を見ていて、最初はほっ
　たらかしのように見えたこともありました。けれども、教師は生
　徒が知らないことを教えるものだという考え方を捨て、生徒への
　接し方を変えてみると、見えてくるものが変わりました。それが
　またさらに自分の生徒との接し方を変えるという循環が起こりま
　した

◎ 自分は一生懸命教えているつもりでも、生徒に届いていないこと
　がありました。一斉授業では一見真面目に授業を聞いているよう
　に見えても、本当には理解していなかったのです。自分がいいと
　思っていたやり方はそうでもなかったことに気づきました。また、
　イライラしながらも待って生徒に委ねてみたら、意外といい結果
　になった（生徒の学びが深まった）こともありました

＊

　生徒を純粋に受容し関心を向けることで、生徒が心を開き本音でコ
ミュニケーションが取れるといっています。普通や常識に縛られるこ
となくかかわることを大事にしている山本さんらしい言葉です。

また、生徒に委ねる授業は、山本さんにも最初は抵抗感があったようです。けれども一斉授業では取りこぼす生徒が出ることに気付くと同時に、生徒が授業に主体的に参加するような工夫をして見守ってみたら意外によい結果になったことで考えが変わったようです。教えたい気持ちを我慢して結果が出る経験を重ねることで、山本さんの生徒との接し方が変わっていき、生徒が主体的に学び自分なりの答えを導きだせるような授業ができるようになったのでしょう。

## 永田 陽子さん （通信制高校教員、教育関連会社役員）

## profile

永田 陽子（ながた・ようこ）
1997年に現株式会社ウィザス入社、さまざまな事情から大学入学資格検定（現高等学校卒業程度認定試験）を受験して大学進学等を目指す生徒のための受験対策校を皮切りに社会人生活をスタート。広域通信制高校（株式会社が運営する高校）の認可が下りてからは、そこで教員(以下フェロー＊28と表現)、キャンパス長、エリア長などを20年以上務めた。現在は、関連会社2社の取締役。

## ① 仕事の概要

　永田さんが就職した会社は正式な学校という位置づけではなく、公立私立の高校において何らかの理由で適応できなかった生徒や高校進学が叶わなかった生徒が、大学へ進学するために大学入学資格検定（大検）に合格するためのサポートをしていました。その後構造改革特別区域法によって、学校法人ではない株式会社にも学校の設置が認可され、永田さんの会社も広域通信制高校を設立しました。

　生徒とかかわる期間は、中学校から直接進学してきた場合は基本3年間ですが、一般の高校から転校してくる場合は期間がそれよりも短く、また3年で卒業できずさらに継続して在籍する場合もあります。

＊28：株式会社ウィザスが運営する第一学院高等学校では、教職員を「先生」ではなく「フェロー（Fellow）」とも呼ぶ。それは教職員が生徒の主体性を引き出して、生徒自らチャレンジする意欲を育む役割を担うため。フェローとは「仲間」や「同志」という意味

卒業生と連携したプログラムへの参加や、卒業後のSNSでの連絡などで断続的に関係が続くケースも珍しくありません。

かつては通信制高校に対する偏見もありましたが、今では多様な学び方が許容され、通信制高校は中学生の進学先の1つとして認知されてきています。

生徒は定められたスクーリング期間を除き通信での学びが可能で、必ずしも実際に通学する必要はありません。また週何日通うかは任意に決められます。通信制高校は、通学を望む生徒のために学びの場として教室（○○校や○○キャンパスと呼ばれる）を設置し、希望する生徒には制服もあります。大手であれば全国にキャンパスがあり、それらとは別にスクーリングなどを受け入れる本部校があります。

担任の先生が担当する生徒数は、多様な生徒に対応するために一般の学校より少ない場合が多くなっています。

支援の範囲は、生徒の在校中の授業、課外活動をはじめ生活全般、そして保護者対応です。支援の目的は、一般の高校と同じですが、スポーツや芸術等の分野で活動する生徒が高校を卒業するために在籍する場合などを除き、一般の高校への不適応があった生徒が多いため、自立支援の色合いが強くなります。社会で生きていく力を身につけてもらうことといえるでしょう。

永田さんは、支援の卒業時の目標を次のように言っています。「命を大切にできること、生きていける力がついていること。少しでも自分のことが信じられて、自信を取り戻せて、自分が何者かが少しでもわかっている状態になっていることです」「生徒には、自分を好きになっていてほしいと思っています」

通信制高校の教員は他の支援職と比べると次のような特徴があります。
・対象者が思春期にあたるうえに、過去に傷つき体験があるなど、精神的に不安定な場合が多い
・生徒の基本的な生活態度の獲得、肯定的な人間観や社会観の獲得な

ど自立に向けた基礎的支援が求められる
・保護者も生徒のことで悩んでいる場合が多く、期待が大きい。より
　保護者との協力関係が必要になる
・卒業生をはじめとして、校外の人と連携した現役生支援のプログラ
　ムがあり、卒業後も断続的に関係が続くことも多い
・個性を尊重した教育を標榜し、近年急速に普及してきている
・有名スポーツ選手やアーティストが在籍している学校もある
・有名大学への進学実績がある学校もある

## ②　対象者観

　永田さんが生徒をどういう存在だと見ているかについて、コメント
を紹介します。
◎ 生徒は秘めた力を持っています。そう思ってかかわってきました。
　先輩の先生からも「磨けば光る子たちだから」とよく言われました。
　程度はともかく、何かは持っているはずなんです。ただ、生徒に
　対して「あなたには力があるんだよ」という決めつけた言い方は
　しません。プレッシャーになるかもしれませんから
◎ 発達障害（集中力欠如、時間管理困難、整理整頓困難など）があっ
　ても学力が高く、自分の特性を活かし工夫しながら周りの助けを
　借りて生きている、キャンパスの近隣の大学に通う大学生だった
　Ｗさんと交流する中で、誰もが何かしらの力を持っていると実感
　しました。できない部分に焦点が当たりがちですが、まだ現れて
　いない力があるはずと思えるようになりました。そうした生徒た
　ちと接してきて、誰もが何かしらの力を持っていると実感しまし
　た。あることが「できるから良い」「できないから悪い」という目
　で見てはいけないと思うようになったのです。
　管理職になってからは、他のフェローにも生徒や保護者と接する

とき、自分のモノサシを脇において、相手のモノサシを理解して
接するように伝えてきました
◎ 通信制に来る子には、自分は「ダメな子」だというレッテルを貼っ
てしまっている子もいますが、その子にはそれだけではない多様
な面があります。そして、何よりその子なりに今ここで頑張って
いるのだ、そう思って接してきました

＊

　いずれにも、生徒に対する肯定的な温かい目線が見られます。スクー
リング期間を除き通学を必須としない通信制高校は、最近は中学校卒
業時の進路の1つとして認知されるようになりました。けれども少
し前までは、ほとんどが不登校など何らかの理由で全日制の高校を選
択しなかった（できなかった）生徒でした。そうした中でも、永田さ
んたちは「秘めた力を持った存在」としてかかわってきたのです。難
しい問題を抱えた生徒も多く、大人の良い悪いのモノサシでは測れな
いことが実感されています。

　自己受容ができない生徒や自己肯定感が低い生徒が多いためか、そ
の生徒なりの良さに焦点を当てる傾向が強く見られます。そして先生
たちは生徒の多様な面と、今その生徒なりに頑張っているところに焦
点を当てています。


## ③　対象者の理解の仕方（みたて方）

　たくさんの苦しみを抱えた生徒たちを見てきた永田さんが、生徒を
理解しようとすることに関して話したことです。
◎ まず、入学前に何度も保護者も含めて面談をして、これまでの経緯、
本校に何を期待しているかを聴きます。そこでは、第一印象など、
その子に対してみたてを持ってしまいます。けれども、そのみた
てには多分に自分のフィルターがかかっていると思うので、決め

つけないようにしています。その子に起きた出来事や今の考えは、それはそれとして聞きますが、それよりむしろこれからの自分を何とかしたいという気持ちに焦点を当てます

◎ ある時点だけを見て評価しないように心掛けています。他のフェローにもそう伝えてきました。誰にも秘めた力があると思っていますから。いったんみたてたことは消せはしませんが、それには常に疑問を向けるようにしています

◎ ある生徒は、おばあちゃんから「自宅マンションの通路や管理人室の前を通るときは、ほかの人から見えないようにかがんで歩きなさい」と言われていました。当時は今より不登校への理解がなく、家にそういう子がいることが恥ずかしいと思われていたのです。その生徒はそれに憤慨するわけでもなく、悲しんでいるそぶりもなく、それをスーッと口にしました。

私はそれに衝撃を受けました。「学校に行けないことは悪いこと、恥ずべきこと」と決めつける家の中で、それを受け入れて生きているのです。「私服で、通学時間以外にどこかへ行き来する子はダメだ」という環境の中で生きていたら、自分はダメな子だということを受け容れざるを得ないのです。

私たちは、そうであってはいけないと思っています。その生徒には別の多様な面があります。いろいろあったでしょうが、今は頑張れています。そう思って接してきていました。ですから、その家のモノサシだけで見られてしまい、それを当たり前のように口にすることがショックでした。

とはいえ、その家の考えに抗議するわけにもいきません。それはそれで、その家の考えですから。私たちは、生徒がその環境の中で生活していることを知ったうえで、そこで生き抜いていけるよう共に過ごし、支えていこうと思います。生徒には多様な面がありますから、家族には学校で見せる生徒の素晴らしい面を伝える

ように意識していました

＊

場面場面でみたてはするものの、それを固定化しないこと、常に疑問を向けていることが語られています。それは、生徒には多様性や変化・成長する力があるという見方に加え、自分自身の見方に「フィルターがかかっている」からと言っています。先生側が自身のフィルターの存在を認識しているのです。

さらに、生徒の家庭環境を知ることの大切さにも触れています。環境そのものもですが、その環境に対して生徒がどう思っているのか、反発しているのか、受け入れているのかを知ってかかわろうとしています。

## ④　対象者とのかかわりや関係性

生徒との距離感、自分たちの役割について以下のように話されています。

◎ 生徒とは互いに成長し合える関係です。もちろん教え導く場面もありますが、生徒は秘めた力を持っている存在です。そう思うと、自然に尊敬できます

◎ 自分たちができるのは見守りです。見守っていると伝え続けることが大事です。「見てるよ」「いつも背後霊のように見てるよ」と言ってきました。とくに悪さをする生徒には、そういうことをしたくなったら「永田が見ていると思いなさい」と繰り返してきました。「永田に恥ずかしくないか」「永田を裏切ることにならないか」と思ってほしいのです

◎ 会社が「コミュニティ共育」を標榜し、地域や卒業生を巻き込み、生徒を多くの人とつないで共に教育していくようになりました。教師は教える役割だけではなく、学校外の人とリレーションをつ

くり、交流を促進する役割も持つようになりました

◎ 悪いところを何とかするよりも、できるところを使って何とかやっていけるように、悪いところが目立たなくなるように、と思っています。生徒自身にもそう思ってもらいたいと思っています

◎ ピアサポート(生徒同士が互いに助け合う)活動も取り入れました。たとえば、グループで何か調べて発表するとき、話すのが得意な生徒は発表、論理的に考えるのが得意な生徒は発表内容の組立て、デザインができるなら発表資料の作成、音楽が好きなら BGM 挿入など分担します。自分の得意が承認されると、自分が苦手な役割を担えるように頑張ったり、実際にチャレンジしたりするようになるのです。役に立てた経験を通して、人と助け合って生きていく感覚がわかるようになるし、何より他者に対しても「きっとこの人にも何かできる役割があるはず」と思えるようになります。これによって、生徒がとても生きやすくなる感じがします。自分は率先してこのピアサポート活動を展開していました。多くのキャンパスの卒業式で「ピアサポート活動によって成長できた」という声が聞けました

◎ 命にかかわるような場面、自傷他害の可能性があるときには躊躇している暇はありません。即断して対応します。実際にそういう場面もあります。ただそういうことをした生徒に対し、それだけをもってダメな子とは思いません

＊

　生徒を尊敬する姿勢が語られ、教員は生徒を見守り、成長する環境を整える役割と認識しています。生徒を大事に思い、心配していると同時に、成長を信じているように聞こえました。また、永田さんと生徒との信頼関係に対する自信も感じました。

　そして、生徒はできること、得意なことが承認されることで、苦手を克服する気持ちが生まれることに言及されました。さらに自分の役

立ち体験から、他者に対しても「役立てる存在」と見られるようになっていき、他者と助け合って生きていけるようになるという成長のプロセスが見られています。

　ここでも、危機的な状況では即断することが語られましたが、その行動をもって生徒の人格を評価することはないのです。

## ⑤　対象者以外の関係者とのかかわりやその中にある利益相反

　この内容についての永田さんのコメントです。

◎ 生徒支援のチームは、自校のフェロー、系列校のフェロー、保護者、卒業生や地域のサポーターなどです。担任フェローはそれらと生徒を繋ぐ役割です。そういう活動に積極的でない生徒にこそ多様な経験をしてもらい、自分の多様な可能性に気付いてほしいと思います

◎ 大学進学率、受講更新率などについて、親の期待や組織の意向はあります。現場のフェローやキャンパス長をしていたときは、大学に入れても通い続けるのは難しいだろうという生徒であっても、その気にさせて何とか進路を決めて卒業させるようにすることもありました。そこに目標を置いてプロセスが進むようにしていたのです。それでもムリなら、今はまだ準備のための時期だねと認めていました。ただ、諦めるわけではなく、卒業の日まではフェローだけではなくサポーターなども含め、多様なかかわりの中で自立の方向を探ります。生徒の力を信じているからです。正直、変化が起きない生徒を信じてかかわり続けるのにはストレスがないとはいえません。

◎ 定量的な成果を求められる組織のトップマネジメントの立場になると、「見守りましょう」とか「準備期間だね」などとは言っていられず、即断即決を求められる場面が多くなりました

通信制高校には人とのかかわりが得意でない生徒が多く在籍するため、多様な人との接点を学校側で用意しています。そこに少しムリをしてでも新たな経験をさせようとする姿勢が見えます。積極的に人とかかわりたくない生徒の中にも、「自分を変えたい」「自分の別の面を見つけたい」という気持ちがあると信じてのことだと思われます。

また、今でも進学実績などを求める圧力はあるようですが、そこへ向けて努力はするものの、進学が決まらなくてもいい、準備期間でもいいという構えは持っています。生徒1人ひとりを見ながら個別に対応しています。

現在、永田さんは現場だけではなく、経営を担っていますが、その立場ではポジティブ・ケイパビリティが求められているようです。

## ⑥ 支援の終了や評価

進路を決めるのが難しい生徒も多い中で、卒業時のことを次のようにお話しされました。

◎ 多感な時期に問題を抱えている生徒が多い学校なので、そのときに成果が出なくてもいいと思ってかかわってきました。でも、卒業までに進路決定はしてほしいので、期限までに考えて決められるように促すことはしました

◎ かかわりの評価指標は、学校としてはやはり進路状況などですることになります。私個人としては、卒業後の生き方を見聴きしたり、SNSや来校してコメントをくれたりすることで感じ取っています。卒業生が在学時を振り返ってするコメントで「よかったのかな」と思います。

卒業後が心配な生徒は、直接ではなくても様子を知れるように、その卒業生の周囲と繋がっているようにしています。ただ、何か

あったような書込みがあっても、自分から連絡することはありません。遠くから見守っている感じです。卒業したらフェロー—生徒の関係は終わります。「何とかなるといいな」とは思っていますが、私が「何とかしてあげたい」とは思いません。全卒業生にかかわり続けることはできません。今目の前にも生徒がいるし、自分のプライベートもあります。ただ、卒業生から連絡してくればできる範囲で対応します

◎ 個別のかかわりについての振り返りは随時するのですが、とくに思いが残っているケースもがありました。それは、入学当初に廊下で泣いていて、その理由がわからないまま卒業していった生徒のことです。ずっと気になっていました。その卒業生から2～3年前に連絡が来ました。卒業生の話をかいつまんでいうと「子どもが不登校になった。でも私はアタフタしなかった。それを永田先生に伝えたかった。私は（学校に行かないという面だけでなく）子どものいいところも見れているよ」という内容でした。なぜ泣いていたのか聞いたら、「当時、自分は学校にいけない自分が許せなかったんだ」と言っていました

◎ 会社として卒業生の調査をして、グループの大学に卒業後もサポートが必要な生徒の受け皿になる通信制大学などをつくりました

＊

　ここでも生徒の可能性を信じることと、結果を求めないことの共存があります。

　また、卒業後ずっとはかかわれないという割り切りや諦めのようなものも感じます。卒業後は本人の人生だから、期待しながら見守るという姿勢です。また在校時や卒業時にはわからなくても、卒業してずっと経ってから、自分のかかわりが役に立っていることを感じるエピソードも語られました。

　永田さんの所属する株式会社ウィザスは、自立し切れないまま高校

を卒業していく人などのために、通信制大学などもグループ内にある
とのことです。

## ⑦ 支援職の自己理解など熟達化に関係していそうなこと

ときに先輩に教わりながら、生徒とのかかわりの中で永田さんは教
員として成長してきたといいます。以下はそうしたことが感じられる
コメントです。

◎ いつの頃からか、卒業時の進路決定を一律に求めるのではなく、
　個別に「今は悩む時間でいい」という対応に変わってきました。
　見守る時間を長くしてもいいのです

◎ 生徒の隠れていた力を発見したり、成長していく姿を見たりする
　と、自分もエネルギーをもらって、人として成長できた気がします。
　そして一層生徒を信じることができるようになります。そうした
　良い連鎖できるのがいいのです

◎ 自分たちのかかわりが生徒にとってプラスになるだろうという希
　望は持っています。生徒や周りの人（他者）に喜びを与え、それ
　を実感して自分たちもハッピーになる好循環です。フェローも生
　徒も自分のことが好きになれるのです

◎ 授業に出ない生徒Aがいました。当時は出席率が求められていた
　ので、登校させないといけません。そこで電話で話をしたら、そ
　れがかなり長い電話になってしまい、最後は一方的に切られてし
　まいました。私が絶対に言ってはいけないことを言ってしまった
　んです。「結局、なんだかんだ言っても学校に来たくないんでしょ」
　と。生徒のことを考えていない私の一方的な決めつけから出た発
　言です。Aは結局卒業はしましたが、自分の中では失敗体験とし
　てずっと覚えています

◎ お金持ちの家の生徒Bの話です。Bは小学生の子どもがするよう

な悪さをするようになったのです。聴いてみると、そのころ両親が離婚して、生活環境が大きく変化していました。悪いことをするとそこだけに焦点が当たりがちですが、背景を知るとその生徒だけの問題ではないことも多いのです。

決めつけずに関心を向け続けて信じてかかわれば、いろいろなことが見えてきます。Bは無事大学に進学し、体育会の部活を続けたようです。私は昨年、結婚式にも呼ばれました。大学の部活の顧問もいらっしゃっていましたし、なんとご両親は復縁していました。子どもの成長や自立が家族に波及した様子でした

＊

自己理解については、148ページのみたてのところにあったように、自分が人を見る際にはフィルターがかかるという自覚を持っています。生徒に対しても自分や周囲の価値観、評価基準を当てはめていません。

そして、自分たちの支援に対する希望、自信のようなものも持っています。加えて、生徒とかかわり合う中で、双方が成長していく好循環に触れられています。

生徒Aのエピソードでは、失敗体験からの学びが語られ、生徒Bのエピソードでは、生徒と教員に閉じた好循環ではなく、生徒の周囲（もしかしたら教員の周囲）にもその良い連鎖が波及していく様子が語られています。対人支援の仕事は、目の前の人だけでなく、社会へとつながっていることが実感されます。

最後に、直接ネガティブ・ケイパビリティに関して話された永田さんと卒業生Cとの話を紹介します。

◎ ネガティブ・ケイパビリティと聞いて真っ先にCのことを思い出しました。Cは高校の途中から入学してきました。卒業して大学進学、イギリス留学後も現役生のサポートを手伝ってもらうなど断続的に付き合いが続いていました。

あるときCから「自分はゲイ（同性愛者）なんです」「小さいころから苦しかった」とカミングアウトされました。自分がゲイであることを、幼少期から誰にもいえず自分だけで苦しんできたのです。Cにはイギリスで愛し合える人ができました。交際はCの帰国後も続いていました。日本で大手企業に就職したところでコロナ禍になり、会いに行くことができなくなりました。

日本では同性婚が認められていません。日本で一緒に暮らそうと思ったけどどうにも叶わないという状況が続く中で、日本の制度への不満とコロナに対する無力感を抱えながら、ずっと悩み考え続けてきたそうです。それでも、あきらめず何とかなるという希望を持つことができたというのです。それは、Cの周囲にはCを否定せずかかわってくれる人がいたからでしょう。Cは今、イギリスで同性婚をして、それを親も認めてくれて幸せに暮らしています。

最近、Cとのやりとりの中でネガティブ・ケイパビリティの話しをしたら、自分で調べて「自分の人生みたいだ」と言っていました。行きたい方向にアンテナを張ってはいるものの、すぐに行けるわけではない。そこでじっと我慢して、もがいて、待っていたら自分の行たいところ、それに近いところに行けることが多いと思うというのです。Cにとっては、そのプロセスこそがネガティブ・ケイパビリティだと理解したそうです。歳を経て、そのプロセスが楽しめるような気がするとまで言います。そしてこうも言ってくれました「今の自分があるのは混沌としていた10代を温かく支えてくれた永田先生たちのおかげです」と

＊

この話から、自分や社会に対する希望を持ち続けることができるのは、周囲の支え、とくに信頼できる人の支えがあるからだということが伝わってきます。どうにもなりそうもない状態に耐えるためのネガティブ・ケイパビリティを支えるのは、この希望の力なのです。

## 4 ｜ 小川 耕平さん（精神科クリニック院長）

**profile** —————————————————————————————

小川 耕平（おがわ・こうへい）
医学部卒業後、精神科病院で 2 年、大学病院の精神科で薬理学の研究をしな
がら臨床もして 7 年、そこから都内の精神科病院に出向し、精神科救急の病
棟の立上げをしてそこに 7 年間勤務。その後現在の目黒駅前メンタルクリニッ
ク院長。産業医、キャリアコンサルタント。

### ① 仕事の概要、目的、特徴

　小川さんのメンタルクリニックでは、患者の治療期間は 1 ヵ月か
ら数年、頻度は治療の初期は 2 週間に 1 回、その後状態が安定して
きたら 1 ヵ月に 1 回、働きながら服薬中心になれば 2 ヵ月に 1 回程
度とのことです。

　精神科医療の目的は、精神病患者、精神障害者に対し、適切な治療
や看護、保護を行い、その社会復帰を促進することと、精神疾患の発
生の防止です。さらには患者が自律性を回復し、患者にとってより良
い生き方を見出せるように支えることも目的としています。

　精神科医療は、他の支援職と比べると次のような特徴があります。
・精神疾患について正しく理解されておらず、誤解や偏見が残っている
・本人や家族が疾患を否認することが多い
・患者には疾患による辛さに加え、家族や会社などの人間関係に支障
　をきたしていることが多い

・ストレス脆弱性*29 の違いなどによって、同じ環境下であっても辛さの程度が異なる。診断においても本人の主観的情報の比重が大きく、即座に診断を確定することが比較的難しい
・所属する社会における普通や常識と本人の言動の差異の程度によって診断の基準が変わることがある
・再発すると継続的な治療が必要で、完治が難しい場合も多い
・薬物投与などの医学的・生物学的治療だけではなく、心理的治療（カウンセリングなど）や環境改善なども必要になる

＊

　精神科の疾患は、他の疾患のように健常との区別が明確ではありません。たとえば、癌なら癌細胞の有無、高血圧なら血圧の数値のような客観的な診断基準がありません。このことがこれから述べる精神科医と患者のかかわりにも影響しています。

## ②　対象者観

　小川さんは、患者観に関して次のように率直に述べられました。
◎ 私の医療観は変遷してきました。そもそも大学病院に来る前は、患者観というものは形成されていなかったと思います。一人前になるために目の前のことを一生懸命やるだけ。大学病院に移ってからも、自分の専門の疾病ならモチベーション高くかかわりますが、それ以外はやらされ感がありました。大学病院は臨床より研究重視で、今思うと患者のためというよりも、自分のために働くような傲慢さがあったように思います
◎ 救急に行ってからは、人手が足りない中、中核メンバーとしてス

---

＊29：生まれ持った素質（先天的な要素）と、学習・訓練などによって生まれてから身につけた能力やストレスへの対応力（後天的な要素）などに左右される、その人が持っている精神疾患のなりやすさ

タッフの教育や病棟の経営面の数字を含むマネジメントもしながら臨床に全力投球しました。救急なので、のっぴきならない急性期で来院しますから、「自分が患者を治すんだ」という使命感でやっていました。しかしながら、なかなか治らず入院を繰り返すような患者を数多く診て、精神科医療に対する無力感も持ちました。そういったことを経て思うのは、患者は自然治癒力を持っていて、医者が治すというのはおこがましいということです

＊

「医師が患者を治す（患者は医師によって病気を治してもらう存在）」ということは傲慢だと述べられましたが、その考えは、医師としての使命感でもあり、持っていて当然のことのように思います。はじめから、患者は自然治癒力を持っているから何もせずそれに任せるというのでは、医師が存在する意味がなくなってしまいます。使命感を持ってできうる限りの治療にあたり、そこから先は患者の力に委ねるということなのでしょう。

　小川さんは、続けてこのようにも言っています。「患者が持っている『治りたい』という気持ちに寄り添い、手を貸すんです。患者のレジリエンスが発揮できるようにサポートするのが自分の仕事です」。医師の専門性と患者の意思や治癒力とが相互に支え合いながら治療が進んでいくように理解しました。医師としての使命感と患者の自然治癒力への信頼感は共存するのです。

## ③　対象者の理解の仕方（診たて方）

　精神科医である小川さんの診たてについてのコメントです。
◎　精神科医の診たて（医療なので、ここではこの字を使います）には、患者の社会生活全般の情報が必要です。家族はもちろん、当院であればとくに働くことに関する情報が大事です。それも、今現在

だけでなく、以前のことも含めた情報です。

◎ 治療上でも、患者がもともと持っている力（どのようなことができていたか）を知っておくことは参考になります。どのような仕事で、どのような職場環境で、どの程度のことをしていたのかを知らなければ、今している経験がその患者にとってどれくらい辛いのかがわかりません。ですから、精神科医も職業に関するリアルな知識、たとえばIT企業ならIT分野の、法律事務所なら法律分野の知識があった方がいいんです。患者も自分の仕事の厳しさを医者が理解していてくれると感じると、よく話してくれるようになります。仕事のことがわかれば、ストレスだけでなく、背景にある別の疾患の可能性を探ることができることがあります。知っていれば「あれ、おかしいな、ストレスだけではなく、別の病理があるかも」と気づけるのです

◎ 医師が診断しても患者が受け入れず、その疾病に適した治療を望まないこともあります。その場合はいったん患者の意向に沿って治療し、関係をつくって経過を見ながら説明し、話し合って治療方法を変えていきます。大昔は「あなたは○○病だからこの薬飲みなさい」だったんですけどね

◎ 診断が確定しない宙ぶらりんな時間も、患者が病気を受け入れ、治療への覚悟を決める時間として必要だと認識されています。そうしたことを意味する戦略的エポケー*30 という言葉があります。さらに、ある程度診断がついたとしても、決めつけず、患者の受け止め方など見ていきます。患者との関係づくりを重視する時間ともいえます

◎ 精神科では、治療の経過により診断を変えていくことは珍しくあ

---

*30：意図を持って判断を停止し、棚上げすること。いったん括弧に入れておくこと（2003「分裂病」の消滅 内海健）

りません。適応障害が鬱や双極性障害だったり、発達障害が背景にあったりということはしばしばあります。いったんつけた診断名を変えることに拘泥しません

◎ 実際には、明確に診断がつかない人もいます。知的障害や発達障害などの診断基準にはあてはまらなくても、生活していくことに苦しんでいる人もいます。そういう場合は、症状からの診断だけでなく、医療的なサポートを受けることができる別の疾患名が付けられないか探ることもあります

◎ まずは DSM ＊31 などの定められた診断基準によって診断後、時に戦略的エポケーで患者と話し合いながらも、豊富なエビデンスによってつくられたガイドライン（こういう症状にはこの薬や治療法が効果的、その次にはこれという副作用を含めたデータ）に基づいた治療をします

＊

症状だけでなく、患者の過去から現在までの背景（家族や仕事など）を知る必要性が述べられています。加えて患者が本来持っている力（意欲やストレス耐性、実際の仕事の進め方や成果など）を知ることで、患者の辛さ、ストレスの程度が実感でき、想定した疾患とは別の疾患があることに気付けることもあるとのことです。

精神科医療の診断の難しさにも触れています。そもそも客観的に測定できる基準がなく難しいですし、本人が認めないこともあります。戦略的エポケーと共に診断名の変更に躊躇しない姿勢が見られます。

治療経過を見ながら、仮の診断（診たて）、戦略的エポケー、診断の修正が繰り返されます。ここでもネガティブ・ケイパビィリティとポジティブ・ケイパビリティが共存しています。

## ④ 対象者とのかかわりや関係性

　高度な専門職であり、患者の生死や健康の維持という極めて重要な領域にかかわる医師、その中でも精神科医療の中で、医師と患者のかかわりはどうなっているのでしょうか。

◎ 医者と患者の関係については、まずパターナリズム\* 32 はよくないとなって、次に来たのが患者の自己決定権の尊重です。しかし自己決定権の尊重は、患者に対して突き放した関係にもなりかねません。飲食店でメニューの説明だけしてお好きなものを選べという感じです。「お勧めは？」と聞いても「お客さんが決めることですよ」という丸投げですね。それを経て今の考え方はシェアード・ディシジョン・メイキング\* 33 です。患者の意思決定には、医療関係者と患者だけでなく、家族や会社関係者なども関係してきます。治療方法は患者の意向を含んで双方が納得して決めていくんです。

　それは患者との対等な立場が前提になっています。ただ、医師から提示された治療方法のどれかは選んでほしいです。どれも選ばない、治療を受けないは避けたいです

---

＊ 31：Diagnostic and Statistical Manual of Mental Disorders の略で、米国精神医学会が発行する精神疾患の分類と診断の手引き書。精神疾患や神経疾患の定義と診断基準を示したもので、WHO（世界保健機構）の ICD とともに国際的に広く用いられている。2013 年 5 月に第 5 版（DSM-5TR）が発行された。日本では「精神障害の診断と統計の手引き」「精神疾患の診断と統計マニュアル」などと訳されている

＊ 32：強い立場にある者が、弱い立場にある者の利益のためだとして、本人の意志は問わずに介入、干渉、支援すること。強い者による支配とも言える

＊ 33：最新の医学的な情報やエビデンスと、患者の生活背景や価値観などの両方を尊重しながら、医療者と患者が情報を共有して一緒に考えて意思決定していくプロセス

◎ もちろん、患者の意識がないなど急性期の危機的状況の際は、医師の判断で対処します

◎ さまざまな理由から通院や服薬が中断しがちな患者に対して、治療への意欲を喚起するのも仕事のうちです。患者にとってメリットのある傷病手当金の説明などもして、信頼関係を形成していきます

◎ 治療は患者が主役であり、医師は治療のパートナーです。患者の望みを聴きながら、患者の尊厳を守り、中核的利益（役割や居場所の獲得など患者が望む生き方）を得られるようにかかわります

◎ 患者と相談しながら目指すゴールを設定して、治療方針を決めます。高すぎると思えるゴールを望む患者もいれば、低すぎると思える患者もいます。ただし、高い低いを医師が決めつけることなく、まずは患者の意思を尊重し、経過を見ながら話し合って決めていきます。どこまでの状態を目指すのかという治療方針を決めるには、これまでの生活ぶり、働きぶり（どのくらいのことができていたか）を知ることが大事です。主治医がそこを知らずに、かつて大きな成果を出していた患者に対して、「とりあえず会社に行けているからいい」と思って薬を変えずにいて、その結果勤務制限が続いているようなケースもあります。以前の患者の仕事ぶりを知っていれば、もっと高いゴールを設定して、別の治療方法を探ることも可能ではないかと思います

◎ 精神科は生死にかかわることよりも、社会生活への復帰が目的になることが多いです。診療科によっては、もっと医師が主導して治療にあたることもあります。たとえば外科では画像診断が発達していて、治療技術的にも治療方法が確立しているので、それに従ってきっちりやります。逆に難病の治療や終末期医療は、より患者がどう生きたいかという意思が尊重されるでしょう

＊

ここでも、やはり患者の意思を尊重する姿勢が示されています。し

かし医療の領域では、医師をはじめとする支援者側の方が、患者より病気や治療に関する知識を圧倒的に多く持っています。その専門性の高さゆえか、他の支援職よりも患者に委ねる程度がやや低いように感じられます。患者の意思を確認しながらも一定の範囲で治療方法を提示して、その中から患者に決めてもらうのです。疾患があるのに「治療をしない」という選択は避けたいようです。そのために治療継続への働きかけも行っています。

治療の目標設定については、医師側でその是非を判断せず、まずは患者が望む状態を尊重して治療に入り、経過を見ながら話し合いのうえ調整しています。

医療でも、外科の手術のように患者自身にはどうにもできないような治療の中では、より医師側の判断が重視されるようです。一方、病気の機序が解明されていない精神疾患や治療方法が確立していない難病、医療的対応に限界がある終末期医療では、自分の病状を知ったうえでの患者の意思決定が重視されるようです。

## ⑤　対象者以外の関係者とのかかわりやその中にある利益相反

このテーマでは、勤務医と開業医での違いがあるようです。
◎ 患者との利益相反は、病棟勤務のときはありました。病棟では病床数以上は受け入れられません。入院している患者の退院の是非を判断する際、目の前の患者だけのことを考えるのではなく、入院を待っているより重篤な患者のことも考えます。これでいいのかという思いもありましたが、地域医療における全体最適を考えていました。この葛藤が、開院の理由の1つでもあります
◎ 自分で開業してからは、利益相反を感じることはありません
＊
目の前の患者と地域全体の最適との利益相反は、この後の看護師の

浅村由美子さんのところでも出てきます。葛藤を感じながらも、全体最適と割り切ろうとされていたようです。

　開院後の小川さんは、患者の意向と患者の周囲の人のことを考え合わせ、長期的にはこうするのがいいと決めているため、関係者との利益相反とはならいないと考えています。

## ⑥　支援の終了や評価

　治療の目標についても、どこでどのような患者を中心に治療にあたるかで違いがあるようです。

◎ 治療のゴール・価値は、大学病院や急性期病棟であれば、退院して地域で生活できるようになることです。社会的な自立ではなく、生活保護など福祉の領域のサポートなどを受けて、通院しながら地域で生活できることが目標になります。多くの患者は実際にそれ以上は難しいのです

◎ 一方当院では、ほとんどが企業に勤めており、以前はバリバリ働けていた人が精神的な問題で働けなくなって来院します。軽症、高学歴、大手企業在籍中の方です。こうした人のゴールは、管理職や専門職として再度働くなど、高いレベルが目標になることが多くあります。その高いゴールにチャレンジにすることにやりがいがあります

◎ 自分の治療の評価はカルテを調べればできますが、特別なことはしていません。毎日、患者の状態や患者との関係の中でできること、やるべきことをやっています。客観的な基準をもって評価するのは難しいと思います。学術的な研究をするなら調べてもいいのですが、患者がどうなってどう思っているかがもっとも大事ですから

＊

かかわりや関係性のところでも触れましたが、患者に合わせたゴー

ル設定をしています。小川さんは都心で開業され、企業で働く人のパフォーマンスの回復に強い意欲をお持ちです。

　治療の評価については、一定の基準よりも、患者の主観的な満足度が大事ということでしょうか。

## ⑦　支援職の自己理解など熟達化に関係していそうなこと

　小川さんは、どのような経験を経て熟達されてきたのでしょうか。

◎ 大学病院にいた頃から精神鑑定をやっていました。その経験で診断力がついたと思います。1人の患者を2〜3ヵ月徹底して調べることで、短期間ではわからないような病理などについて理解することができました

◎ 産業医の経験も学びが多かったです。そこで障害者雇用にも関心を持ちました。給与だけでなく、面倒見の良さなども含めた待遇の良い会社であれば、休職している患者の復帰意欲は高いんです。ですから、治療もまじめに受けてくれます。逆に、給与が低く障害者を下に見ているような会社では、復帰することに希望が持てず、治る意欲が低くなります。治療にも不熱心で、復職せずに辞めてしまうこともあります。そういった経験から、病棟の中で患者を診て漠然と社会復帰を目指すのではなく、患者は何ができるようになりたいのか、どのような状態を目指すのか、さらに患者が働く会社に対してどういうメッセージを出すのかといった治療のゴールを具体的に描いて診療したいと思うようになりました

◎ 医療面だけでないかかわりも大事だと思っています。キャリアコンサルタントの資格を持った公認心理師につなぎ、カウンセリングを受けてもらうことで、働くことへの動機付けが高まります。薬とは違う治療法だと思っています

＊

**167**

精神鑑定の経験では、1人の患者（被告）の精神面を徹底的に調べることで、表面に出ていない病理や病気の重複など精神疾患の複雑さを学ばれたようです。

　小川さんにとって、大きかったのは産業医の経験であるようです。患者が所属する会社の待遇や、患者をどう見てどう扱っているかが、患者の治ることへの意欲を左右するといっています。小川さんからは患者と会社の関係への関与、働く人のメンタルヘルスへの強い思いが感じられます。

　小川さんのお話から、医療の中でも精神科の難しさとやりがいを学ばせていただきました。

# 5 ｜ 米沢 宏さん（精神科医）

## profile

米沢 宏（よねざわ・ひろし）
大学院の研究室に在籍中から思春期外来を担当。医師5年目からは都内の思春期精神科クリニックの院長、その後現医療法人に移って、全国的に有名なアルコール依存症のクリニックを牽引する。EAP（Employee Assistance Program：従業員支援プログラム）事業の立ち上げにも携わり、2009年からはクリニックで復職支援リワークを開始し復職成功率97.3%の実績を上げる。現在は、株式会社ジャパンEAPシステムズ取締役、顧問医。産業ダイアローグ研究所所長。現在は産業医の活動とEAPカウンセラーのスーパービジョンを主な仕事としている。

　米沢さんは筆者のインタビューのお願いに対し、キャリアコンサルタントの養成をしている筆者がなぜネガティブ・ケイパビリティに関心を持ったのか、また質問項目を見て、なぜみたてに注目しているのかに関心があったようです。このあたりのことは後掲する産業ダイアローグ研究所のnote[34]に掲載されています。

　米沢さんはアルコール依存症治療の経験が豊富で、その関係もあってEAPの事業にも携わってきています。EAPとは、主に心身に不調をきたす従業員のケアを目的とした従業員支援プログラムのことです。EAPは、もともとアルコール依存症の対策としてアメリカで誕生した経緯があります。米沢さんは既にネガティブ・ケイパビリティ対する知見があり、オープンダイアローグの産業領域での活用に注力

---

＊34：https://note.com/sangyo_dialogue/n/nee6d0f2bdbcb

されています。なお、EAP については、「7 松本桂樹さん」のところ
で詳しく触れます。

## ①　支援（仕事）の概要

　米沢さんが患者とかかわる期間は、鬱などの場合で 1 回から長く
て 3 年だそうです。思春期外来では、10 〜 20 歳くらいまでを対象
にしています。患者は若くエネルギーが強いので、医師も含めて周囲
を巻き込んできます。また、親の期待が大きく、親への対応も大変で、
思春期に向き合う精神科医はバーンアウト* 35 しやすいとのことです。
「そんなこと言うんだったら死んでやる」という脅しなどもよくあり、
境界性パーソナリティ障害* 36 の患者などを何人か抱えていたら、大
きな負担になるのです。堀に飛び込んでビショビショのまま来院した
り、待合室で喧嘩を始め消火器を噴射したこともあったそうで、米沢
さんにとっては勉強にもなりましたが、とても大変だったとのことで
す。
　自身のワーカホリック（仕事中毒）に気づき、交流分析のカウンセ
リングを受けたり、さまざまなセルフケア方法を試しましたが、やは
り自分の病気を理解するのが一番と、依存症の勉強のためにアルコー
ル臨床に移ったというのが冗談のようなホントの話だそうです。思春
期問題もアルコール問題も薬では治せないので、カウンセリングの勉
強をすることになったとのことでした。
　精神科医療の特徴については「4 小川耕平さん」のところを参照く
ださい。

## ②　対象者観

　米沢さんの患者に対する考え方です。

◎　患者とは対等な関係だと考えています。対等という考え方は、私がもっとも影響を受けている交流分析からも来ています。患者はもともと力を持っている存在であり、それがうまく発揮できないから何らかの困難を抱えているのです。そこで、いかにその患者の力をうまく引き出すかが自分の仕事です

◎　「我以外皆我師」という、吉川英治氏（1892 〜 1962）が宮本武蔵に語らせた言葉があります。自分以外の人は自分に何かを教えてくれる先生だということです。たとえ患者であっても、何かを教えてくれる先生なのです。もちろん患者より私たちの方がよく知っている部分があるからこそ専門家を名乗っているわけですが、すべてが勝っているわけではありません。それに私たちが持つ専門的な知識も、個々の患者さんにアジャストしていくことで初めて生きたものになるわけで、私たちが患者を変えられるなどと考えるのは傲慢だと思います

◎　理想の治療観は、極端にいえば「会わないで治すこと」です。それはまずできませんが、１回で治すことができれば、それがもっともいいのです。病気になって病院にかかったとき、１回で治ったら嬉しいですよね。同じことです。また現在、予防教育に力を

---

＊ 35：それまで熱心に仕事に燃えていたような人が、その火が燃え尽きるかのように急に労働意欲をなくし無気力になること

＊ 36：気分の波が激しく、傷つきやすい。感情が極めて不安定で、良い・悪い、溺愛・憎悪など極端に振れやすい。感情のブレーキが効かず、ちょっとしたことで癇癪（かんしゃく）を起こす。自殺のそぶりや自傷行為を繰り返し、周囲に動揺を与える。などの特徴を持つ

入れているのも、そういった治療観を実現する方法の1つといえます

◎ こちらの悪影響をなるべく与えたくないということもあります。すべての人と同じように私もいろいろな欠点を持った人間です。職業倫理に則って接することを心がけていますが、付き合いが長くなるほどこちらの良くないところも思わず出てしまい、影響を与えるのではないでしょうか。実際にはなかなか難しいのですが、治療期間は短いに越したことはないと思っています。スーパービジョンの契約も3年までを基本にしています。その後は友人として、「お互いさま」の関係が維持できればいいですね

◎ 患者には、通院したことなど忘れて、自分の力で元気になったと思って暮らしてほしいのです。私たちはその人の人生の「黒子」であるべきです。この考え方は精神科医の中では少数派かもしれません

＊

　精神科医と患者は対等な関係であり、患者は何かを教えてくれる先生だと考えています。「会わないで治す」「できるだけ短期間で治す」は、病院経営からするとデメリットになりますが、その方がいいといわれています。患者の肯定的な面を大事にして、尊敬しうる存在として見ているからこそ、自分が悪影響を与えることを危惧しているのでしょう。

### ③　対象者の理解の仕方（みたて方）

　ここは米沢さんに関心を寄せていただいたところです。インタビュー後に書かれた note（169ページ）にも同趣旨のことが米沢さんの言葉で書かれています。

◎ 診たては、アポが入ったときから始まり、会ってからは毎秒随時

診たてています。診たて切るということはありません。診たては終わらないのです。五感で受け止めた情報（言動、表情、頷き、まばたき、発汗…）の中で、違和感（そこまでの診たてと異なる情報）をもとに絶えず修正をかけています。

常に診たてに対して疑問を持って構えています。ですから、随時診たてたことはいったんそこにおいておきます。そうしなければ、診たてに沿った情報しか目に入らなくなるからです。診たてた情報に囚われず、新たな可能性に開かれている状態です。そして「あれ、どういうことかな」と思ったら、それについて患者に聴いて、その反応を観て必要に応じて診たての修正を試みます

◎ 患者に変化が起きないときは、自分が何か大事な情報をつかみ損ねていないかを徹底的に考えます。診察室で語ることがその人のすべてではないのです。患者には他にたくさんの生活場面があります。そのすべてを観察することはできません。同居している家族であってもすべては見えていません。他人のことをわかり切るなどありえないのです。逆にいえば、患者こそが「その患者の専門家」です。その尊敬を持って接することが大事だと思います

◎ こちらからの問いかけに対して患者が「ああ、そうか！」とかいう納得感が出たとき、そこまでの情報から導いた診たてをもとに、「こういうことやってみますか」などと治療方法を提案します。その提案がしっくりこないようなら、また聴き、診たてを続けます。結局は、その繰返しではないかと思います。その時点で患者ができそうなことを提示して、治療に対する当事者意識が出てきて、患者からやってみようという言葉が出てくるのが理想です。本人の主観的な「やれそう」を大事にしたいのです

◎ 自分が思う世間の普通や常識も、それと患者が違っていることに違和感を持つためには大事です。

◎ 患者が語った言葉の中には答えはないと考えています。患者が意

**173**

識できる範囲に答えがあるなら受診する必要などないからです。話さなかったこと、話せなかったことに大事な何かがあるはずです。そうしたものの存在を意識して、違和感を手掛かりに問いかけることが大事です。ナラティブ・セラピー[37]でいう、その人を支配しているドミナントストーリーと、語られないが問題解決につながるオルタナティブストーリー[38]ですね

◎ 診たては終わらないといいましたが、別の言い方をすれば、患者の語る話から「1つのストーリーを作る作業」をしているともいえます。話を聞きながら、ストーリーがうまくつながらない時に、「そうしたのは（そうしなかったのは）どんな思いからですか？」といったように質問します。そこから話が展開していくことも多いのです

◎ ケースカンファレンスを聞いていると、まるで診たての決定版があるかのような議論が展開されていることがあるのですが、新しい情報が入ると、それまでの診たてがひっくり返ることも少なくありません。診たては新たな情報によって、つまり患者の日々の生活上の体験で更新されていくものです

◎「正しい診たて」なんてありません。診たてもまた治療者側の「ナラティブ」であり、ストーリーであるということを忘れてはならないと思います。我々の診たてを絶対視してしまったら、我々の診たてが新たなドミナントストーリーになってしまう危険があることを留意しておかねばなりません

＊

診たてを瞬間瞬間で行い、随時修正するとしています。そして終わることはないといっています。それがわかっていて診たてを続けていくのは苦しいことのように思います。とくに、患者に変化が起きないときに「自分が何かを聴けていない」として、それが何なのかを考え続けるのはかなりの我慢が必要です。

だからといって、ずっと診たてだけをしているわけにはいきません。患者の自分の状態についての納得感が出たと感じたときには、そこまでの診たてをもとに治療方法を提案しています。診たてと提案を繰り返しているのです。医師から提案しなくても、患者から「何かしてみよう」となってくれるのが理想です。そういう患者の「やれそう」を大事にしています。それは「やれるわけない」という物語が「やれそう」な物語に書き換わることでもあるのでしょう。

　そうなるためのヒントは、患者が口にしなかったことにあるとしています。だから対話を続けるわけです。

## ④　対象者とのかかわりや関係性

　米沢さんのかかわりは、ほとんどが熟達化の方に入れた方がいいかと迷うような内容です。なお、米沢さんは患者ではなくクライエントという呼び方をされた個所も多かったのですが、ここでは患者に統一させていただきました。

◎ 自分の意思ではなく、親などに連れてこられた患者が、どうしたらまた来院する気になってもらえるかを考えました。連れてこられたにしろ、最終的には自分で来たのですから、わずかでも何か

---

＊37：人の経験はその人の内的な性格や能力からではなく、社会的な関係から作り出された（構成された）解釈として、その人が持つ物語の中に意味づけられるという考え方をする。つまり「問題」は、自分がダメな人間だからとか、能力が低いからとかいうのではなく、社会的に構成された結果できた物語の中で「問題」とされている。治療目標としては、患者の問題を作り出している物語の修正や新たな物語の産出

＊38：ドミナントストーリーは、当事者が過去から連綿と受け継いできた物語で、問題が染み込んでいる。オルタナティブストーリーは、ドミナントストーリーを変容させて新たに描かれる問題解決につながる代替的な物語

理由があるはずです。それを聴き出せるかにかかっているのです。その「何か」の存在を信じてかかわります。「何に困っていますか」と問いかけます。「わけもわからずここに連れてこられた！」と子どもが怒っていたら、「そうだったんだ、そりゃ頭に来るよね！」と応じる。「いつも私の考えなど関係なく親が決めちゃうの」と語り始めれば、それが子どもの「困りごと」です。そこを糸口に話を聴いていくと、最終的には、「来週また来ます」というように展開していったりします。患者の隠れた困りごとを探し出すのが我々の仕事です

◎ 自分の意思で来たのにあまり話してくれない人もいます。なかなか話してくれない人に対して、怒りやイライラを向けたくなる医師もいるかもしれませんが、私は「困りごとはあって、でも何か話せない事情、話すことをためらう事情があるのだろう」と思ってかかわります。「来てみたものの、精神科医と初めて話すので何を言ったらいいかわからない」「いざ来てみたら話すのが怖い」などの要因があるのかもしれません。企業内の高ストレス者との面談では、話した内容が会社に漏れることを気にしている場合も多いです。事前の問診票の「相談したいこと」に何も書かれていないこともあります。それでも、来た以上は何かあるはずと丁寧に応対し、信頼関係ができると話が止まらなくなり会社への不満が噴出してくることもあります

◎ 変化が起きない原因は患者にあるのではないのです。20世紀最高のセラピストと言われたミルトン・エリクソン（1901～1980年）は、「治療に抵抗するクライエントはいない、ただ柔軟性に欠けたセラピストがいるだけだ」と述べています

◎ 役に立ちたいという思いを持ちながら、患者を待っていられるかが重要です。交流分析の一派、再決断療法*39のグールディング（Goulding, R.）（生没年不詳）は、「The power is in the patient.」

と言っています。患者は弱くてみじめな存在ではありません。自分を変える力を持っている。それを信じられるかどうか。我々はその力が十分に発揮できるように助けるだけです。外科医は患者が自分ではできないことをしますが、それに比べて精神科は、医師だけでできることは少ないでしょう。薬物療法だけでなんとかできるわけではありません

◎ 当然、命の危険があるなどの緊急時はためらいません。入院の説得をすることもあります。「あなたが元気な時なら死のうとしないと思う。今は混乱していて判断が十分にできないように見える。こちらの指示を信用してほしい」などと伝えます。救急車に同乗して入院先まで付き添ったこともあります

＊

米沢さんの、徹底して患者を信じる姿勢が伝わってきます。信じているからこそ待っていられるのでしょう。また自分の治療に対する謙虚さも感じます。そしてそこには「大したことができなくても、それでいいのだ」「わずかなことかもしれないが、それが大事なのだ」という自負も感じました。

また、ここでも、緊急時の対応は別で、医師側が強く働きかけることが述べられています。

## ⑤ 対象者以外の関係者とのかかわりやその中にある利益相反

米沢さんは、患者以外の関係者とどうかかわっているのでしょうか。
◎ 私はシステムズ・アプローチの考え方も採用しています。カウン

---

＊39：精神科医の Goulding, R.L. が交流分析の理論とゲシュタルト療法の技法を統合させ提唱した精神療法。現在の問題の原因となっている幼少期に決断した非建設的な思考・感情・行動のパターンにアプローチし、その変容を目指す。

セラーの教育やスーパービジョンでは、「この人の後ろに誰がいるか」を必ず意識するように伝えています。本人の語りの中に誰が登場するか、その人との関係はどうなのか、などは貴重な情報です。時には「登場しない人」が重要なこともあります。先ほどの「ストーリー」をつくっていく過程でどこか抜けている感じがしたりします。「ところで、別れたご主人はどんな方でしたか？」というように話を向けることで、話題が展開するかもしれません。あるいは部下を心配して一緒に来てくれた課長さんと、こんな風にやってみましょうかと話し合ったが、部長からダメ出しされ白紙に戻ってしまったなどということもあります。課長の後ろにいる部長が視野に入っていなかったわけですね

◎ 思春期外来をやっている頃から家族や関係者と面接をするのが当たり前でした。アルコール臨床に移ってもその重要性は変わりませんでした。さらにここで取り入れたオープンダイアローグという手法でも、当たり前のように家族や関係者を呼びます。私たち支援者が1人で考えるよりも、多くの人と一緒に考えた方がいいアイデアが出るのです

◎ 夫婦の面接をしていて離婚が決定的になって、1人の治療者がそれぞれの面接を続けるのが難しくなる時があります。そういう場合は別の治療者を紹介して担当を分けるようにします。利害が衝突する人たちの両方を1人で診るのはなかなか難しいと思っています

＊

米沢さんは、常に患者の背景にいる関係者の存在を意識しています。さらには、患者の家族や職場の仲間の力も借りて治療にあたっています。

利害が反する患者を同時に1人で治療する場合は、別の医師と担当を分け、それぞれが目の前の患者を尊重した治療がしやすいようにしています。

## ⑥　支援の終了や評価

　米沢さんは、治療契約やその中でのゴール設定について次のように触れています。

◎ 治療の終結時とは、来院した理由がなくなることだと思います。そこで、最初にどうなりたいかというゴールを決めて治療契約をします。どうなりたいかは、具体的で目に見えるような「○○できるようになる」など前向きなものです。もしもゴールが明確でなかったら、「ゴールを明確にする」というゴールで治療を開始をします

◎ 治療関係終了後に気持ちが残ることはほとんどありません。患者との間で「ここで終了」と区切りをつけるからです。来るはずの日に来なかったら、何かあったのかな？ と考えますが、来ないこともその人の選択として尊重します

◎ 一般的な精神科外来では、患者はいつの間にか来なくなることが多いです。治療の必要を感じなくなって、行かなくていいかなと思うのでしょう。風邪などで受診したときと同じですね。ただ私の場合は、治療終了を確認して終わりにすることも結構あります。「この患者さんは今日で終わりです」と受付スタッフに告げるとビックリされることがあるので、他の先生はあまり言わないことなのかもしれません

◎ 毎回、自分の治療の振り返りはしています。これは自分の頭の整理にもなります。レアなケース、意外な展開をみせたケース、気づきがあったケースなどは逐語的に言葉にして残しておきます。それを同僚にシェアしたり、勉強会で事例として使ったりしています。自分の意図やその時感じたことなどを含めて事例の説明をします。もちろん守秘義務の範囲内です

＊

米沢さんは治療の終了について、最初にどうなりたいかを確認して、取り決めをしています。そして、途中その目標が修正されるかもしれませんが、それが達成できたようなら、終了について合意を取っています。印象に残ったケースについては、詳細に記録してそれを整理し、ご自身の治療に活かすとともに、部下や同僚の学びの材料にされています。米沢さんには、指導者としての役割もあるのです。

## ⑦　支援職の自己理解など熟達化に関係していそうなこと

　曖昧さの中でも熟達化していくことと、治療者（支援職）の自己理解について述べられています。
◎ 治療関係の中でも、介入的にかかわるよりも、伴走者として半歩後ろをついていく感じです。カウンセラーには、「患者より前に出て自分の行かせたい方向へ引っ張らないこと」といっています。相談したいときに、振り返ればそこにいるような感じがいいと思います。
　そう思うようになったのは、思春期の患者に入り込みすぎて巻き込まれた経験と、1回の治療で大きな変化を起こす再決断療法の学びからです。精神分析では長くかかるのが当たり前で、1回で治療が終了するのは偶然か、転移性治癒* 40などといわれます。けれども、そうではなく人は短期間に変われることを再決断療法のワークショップで目の当たりにしました。その経験を経て過去の診療を振り返ってみると、少ないながら、短期間の治療で劇的な変化を起こしているケースが思い当たったのです。人は自ら変わる力を持っている。それを引き出すのが私たちの役割である。患者に巻き込まれるのは、患者の力を信じていないからです。患者の力を奪い、代わりに問題を解決しようとするから共依存になってしまうのです

◎ 私たち治療者の究極の課題は、「いい治療者でありたい」という自己愛に、どれだけ謙虚でいられるか、ではないかと思っています。「クライアントに感謝されたい」という言葉をカウンセラー初心者からよく聞きます。気持ちはよくわかります。しかし感謝されようとすると、世話を焼き過ぎて自立を妨げてしまうことがあります。「先生のおかげでよくなりました」と言われたら治療は半ば失敗だと思っています。「自分で良くなった」と言ってくれたら、いい仕事をしたかも、と考えます。極論すれば、私たちは患者から忘れてもらいたいくらいです。何か変な人たちですよね。黒子に徹し、クライアントがあたかも自分でよくなったかのように陰で支えるのが私たちの仕事ではないでしょうか。自分の有能さを確認するために患者（という他人）を利用してはならないと思います

◎ 経験にラベルを貼って整理しておくために理論は有効です。学び続けることが大事です。整理された経験の蓄積によって、診たての精度、解像度が上がっていきます。これは、過去の患者から教えてもらっているともいえます。ただ、目の前の患者は固有の存在なので、そのまま適用できるわけではありません

◎ 自分の経験も同様に整理して、客観視できるようにしておく必要があります。そうしなければ、やはり似た症例だと思って当てはめたくなります

◎ 中井久夫氏（1934 ～ 2022 年）＊41 の名言に「新たな療法を学んだあとは診療が下手になる」というのがあります。うまく自分の中に取り込んで使えればいいのですが、学んだことを使いたいと

---

＊ 40：治療者に対して陽性の（好ましい）感情によって症状が消失すること
＊ 41：精神科医、神戸大学名誉教授。他にも以下の言葉を残している。「正義われにありとか自分こそという気がするときは、一歩下がって考え直す問題だと思っているものの半分は解かなくてもよく、さらに半分は時間が解決する」

いう余計な考え（欲）が入ると、今までの自分らしさが消え、ギクシャクしてしまうからです

◎ 治療者は、自分のものの見方、考え方にどういう傾向があるか、今自分はどういう状態か知っておかなければなりません。とくに自分の心の傷、触られると痛いところを知っておくことが必要です。できるならその問題を解決しておく方がいいのですが、少なくとも自分の苦手な問題は把握し、適切に対処できることが大事です。たとえば自分が継母に育てられ、辛い思いをしたカウンセラーのところに、再婚した相手の子どもといい関係が作れないというお母さんの相談が来たら、果たして適切に対処できるでしょうか。自分の抱える問題が未解決のままでは、自分の辛かった過去がフラッシュバックし、子どもの側に立ってしまって、お母さんを厳しく指導してしまうようなことが起きてしまうかもしれません。最低限、「私、こういうケースは苦手だから代わってもらえる？」と仲間に頼むなど、クライアント（この場合は母親）に害を及ぼさない判断が必要です

◎ 患者が権威者、専門家としての自分に何を投影しているか（どんな感情を向けているか、どんなイメージを持っているか）は常に意識しています。なぜかいつも緊張しながら面接に来ている人に、「ひょっとして、私のことがお父さんの姿と重なっているようなことがありますか？」と聞いてみるかもしれません。すると、「えっ、あっ、小学校の担任と重なっていたかもしれません。そうか、どこかで、また怒られる！と思っていたのかも」みたいに話が展開したりします。

*

「人は変われる」ということ信じて、つかず離れずの微妙な距離感を保つことの大切さ、やり過ぎは危険であることが述べられました。対人支援職のエキスパートからは「おかげで良くなりました」という

ことを、あまり喜ばない旨のコメントがよく聞かれます。

　理論や前例となる経験の有効性と危険性などについての話も興味深いです。理論や経験からしっかりと学びつつも、それを脇に置いて、安易に目の前の患者に当てはめないようにしています。

　また米沢さんは、支援職が自分の問題を把握し、それに対処できるようにしておくこと、つまり支援職の自己理解の大切さを力説されています。そして、自分が患者からどう見られているかも意識しています。上下関係や従属関係ができてしまうと、いいなりか反発が起こりやすく、信頼関係が醸成されないのでしょう。


　先にも述べたとおり、今回のインタビューを米沢さん自ら note に書かれています。その一部を引用させていただきます。

　米沢さんは note の終わりに、こう書いてくれました。「今回のインタビューも、じっくりと考えなければ見つからないものだったからこそ楽しかったのです。そして、同じような問題意識で仕事をしているから当然といえば当然なのですが、田中さんが適切に質問し、応答くださったからこそ、深めることができたと感謝しております」。

# 産業ダイアローグ研究所 note より ────────

　私の診たては予約が入ったときから始まります。なぜ私を選んだのだろう？「どのようにして私を知りましたか」とまず尋ねます。受付をしたスタッフがいれば、どんな相談だって？ 急いでた？ どんな人だった？ という感じで、「どんな人か」の診たてが始まります。

　診察当日は、待合室で待っている様子から診たてが始まります。初めてお会いする患者さんの場合、必ず診察室から出て声をかけ、どこにどんな風に誰と座っているか、声をかけたときの様子、診察室までどのように歩いて来るかなども見ています。これは身体疾患の有無を見ることも兼ねています。

　「それは情報収集ではないか？」とおっしゃる方があるかもしれません。確かに情報を集めているのですが、「情報が揃ったらアクションを起こすのではない」ということです。たとえていえば、車の運転をしながら、刻一刻と変化する周囲の状況に反応してハンドルをさばくように、相手の様子で「対話」の方向性を、それこそコンマ何秒の単位で調整しています。運転と違うのは、得た情報を自分の背後にあるファイル棚にストックしていくことです。といっても暗記していくわけではなく、キーワードと思われる言葉や印象に残ったイメージなどをピン留めしていくという感じでしょうか。私にとっての診たては刻一刻の時の流れとともに行われるものであり、ファイルし続けられた情報の塊です。完成品や終着点はありません

　そして挨拶。フレンドリーなのか、悲しそうなのか、不安で落ち着かなさそうなのか。こちらにとても気を遣っているのか、横柄な態度なのか、人との距離はあまり気にしない人なのか、といった様子を見つつ、相手がもっとも話しやすそうな「間合い」をとっていきます。

　いや、「ケースの診たて」がなかったら、何もアクションが起こせないではないか。そのとおりです。終着点がないと同時に、常に「その時その時の診たて」をしているのです。診たては刻一刻と変わり、完成品はないと思っています。うなずいたり、首をかしげたり、こ

**184**

ちらが考え込んだりなど、非言語的なアクションを相手に返してい
ます。治療的な介入を「アクション」と呼ぶとすると（「介入」とい
う言葉が好きじゃないので）、秒単位の診たてによる「小さなアクショ
ン」と呼べるでしょうか。

　そしてお話を伺っていて、その話をもっと聴きたいと思って質問
したり、話を聴いていて、あれ、どうしてそうしたのだろう？ある
いはどうしてこうしなかったのだろう？と疑問に思った時に尋ねて
みることが、「質問」による診たての確認といえるでしょうか。「少
し大きなアクション」と呼べるかもしれません。

　こうしてお話を伺っていく（小さなアクション、少し大きなアク
ションを繰り返していく）だけで、実は自然と解決にたどり着くこ
とが多いのです。ふだんの面接の８割はこのプロセスで解決してい
るのではないでしょうか。「解決」と書きましたが、こちらが「あな
たはこうです」と答えを出すのではなく、こういう対話の延長線上
でクライアントが、こういうことかな、こうすればいいのかな、と
自分で答えを出していく感じです。

　診たてという言葉にこだわっていえば、「ああ、こういうことに困っ
ているのかな」などが見えてきたときが、「少し大きな診たて」をし
ているときかもしれません。クライアントの話を聴き続け、相手の
発する言葉（非言語も含む）の１つひとつに反応していくことが、
私の理解するナラティブ・セラピーの「無知の姿勢（not knowing）」
です。

　自分の背後の「キーワード集」にたくさん集まった情報から、こ
の人は現在こういう状態にあり、その課題は何で、解決のためには
こういうアクションを取るのがいいかというような「大きな診たて」
を思いつくこともあります。その診たてには、認知行動療法や交流
分析などの「大理論」「技法」を使うこともあります。「少し大きな
診たて」までで解決しない残り２割が、「大きな診たてによる大きな
アクション」と呼べるかもしれません。

オープンダイアローグをやっているときに、たとえば従業員と上司で議論がかみ合わなかったり、復職の面接で従業員と会社が対立してしまったりすることがあります。そういう場面では、いわゆるネガティブ・ケイパビリティを発揮しているなと気づきました。産業保健領域では、そういった場面が少なくないのです。

　ちなみに、そうした場面に立ち会った場合、以前はどうやってこの場を丸く収めようかと考え、落ち着かなくなっていたのですが、オープンダイアローグを学んでからは、それぞれの考えをもっと深く聴いてみよう、そうすることで何か見えてくるかもしれないという姿勢で関われるようになった気がしています。そうはいっても、そういう場面では緊張が走り「お互いの違いを楽しむ」ということはなかなかできないのですが…。

# 6 ｜ 浅村 由美子さん（看護師　仮名）

## profile

浅村 由美子（あさむら・ゆみこ）
看護学校卒業後、救急病院を皮切りに、地域のクリニックや現在の整形外科病院で看護師として勤務。途中、訪問看護やケアマネージャーの経験もある。現在は病院の地域連携室の看護師として、入院時の調整、退院に向けた準備、退院後の通院治療やリハビリテーションの手配、他の支援機関との連絡調整など、生活環境の整備を担当している。

## ①　支援（仕事）の概要

　浅村さんが担当している患者数は 30 〜 40 人で高齢者が多いそうです。現在担当している整形外科では、入院から退院までの支援期間は長くて 1 ヵ月ほどとのことですが、診療科や病気によって大きな違いがあります。治療に時間がかかる内科や精神科の病気などでは当然長くなります。入院中は患者の生活全般に関与することになります。

　患者の健康の回復を目的とした活動のほか、浅村さんは地域で自立して生活できるようにすることも目標にしています。地域連携室の看護師は、入院時の調整、退院後の他の機関と連携した治療の継続に関することや生活習慣の指導など、患者が地域で自立して暮らしていけるようなサポートを行っています。

　看護師の支援には、他職種と比べて以下のような特徴があります。
・患者が入院中は 24 時間体制で、患者の生活すべてをサポートする。
　患者の異変にいち早く気付ける（気付くべき）職種である
・他の医療職種と比べて医師との接点が多く、患者はもちろん、患者の

**187**

家族、院内スタッフなど関係者と医師とのパイプ役になることが多い
・患者から頼られることも多く、情緒的なサポートも求められる
・学問として看護学が確立されており、教育体系も育成方法も確立している

## ②　対象者観

　浅村さんは、どのような患者観をお持ちなのか聞いてみました。
◎　看護師にとって患者とは、身体的な疾患やケガの治療のために、
　　主に医療的な支援を必要として通院や入院をしている人です。し
　　かし、患者は自ら治癒する力、自立に向けて主体的に生きていく
　　力を持った存在であり、医療スタッフはそれを支援する立場です。
　　このことは、看護学校で徹底して教育されました
◎　患者の乱暴な態度などに腹を立てたり、怖くなったりすることは
　　あります。けれども職業意識の中で、「この人は根っから悪い人で
　　はない」「もともとやっかいな人ではない」と患者側に気持ちを戻
　　します。きちんと話を聴けば、そういった言動の背景がわかり、「そ
　　ういうことだったのか」と納得できることも多いです
　　　　　　　　　　　　　　　＊
　浅村さんの看護師としての患者の力を信じる姿勢、患者の本質を肯
定的に見る姿勢が表れています。患者にとって身近に感じられるせい
か、患者から負の感情をぶつけられることも珍しくないようです。そ
んなとき、一瞬浅村さんにも負の感情が湧いてくるようですが、看護
師としての患者観に立ち返り、その言動の背景を知ろうとしています。
「ああいう言動になるのもムリはないな」「わかる気がするな」となれ
ば、より落ち着いた対応ができるようになるのです。

## ③　対象者の理解の仕方（みたて方）

入院中の患者に関する看護師の情報量は多く、患者の周囲の人との
かかわりもたくさんあります。どのようにみたてているのでしょうか。

◎ 入院される場合、事前にもらえる情報で属性や家族構成などはわ
　かります。病状はもちろん、家族との関係や経済的な面などで懸
　念点が多いほど、さまざまな可能性を考慮して準備します。ただし、
　できるはずのことができなかったり、その逆だったりと、みたて
　が合っていないことも多いです。また合っていても、それと患者
　の意思が異なる場合もあります。「1人での生活は難しい」という
　所見にもかかわらず、患者本人が1人で生きていくことを強く希
　望しているケースなどです。
　　医師や家族がムリといっても、地域連携室の看護師としては、最
　大限本人の意向を尊重したいと思っています。できるだけ意向に
　沿えるよう可能性をさぐります

◎ 事前情報は参考にはしますが、先入観を持つと間違った方向に行っ
　てしまうので、それだけで決めつけて見ないようにしています

◎ 医学的診たては医師がしますが、生活の自立度をみたてる際は、
　ふだんの言動、リハビリの様子、家族からの情報、サポート資源（人、
　施設、機関、制度など）の有無なども参考にします。
　　とくに家族は重要です。いるかいないかだけではなく、家族との
　関係性が問題です。患者を支援してくれる意思があるか、また、
　患者が家族の支援を受ける意思があるかなども大事です。人が見
　ているときには「おばあちゃん大丈夫」などとやさしく心配して
　いる様子の家族でも、あらためて聴くと「お世話する気はない」
　ということもあります。入院時から「退院後の患者の生活をどう
　考えているか」を丁寧に聴くようにしています

◎ 退院した後、患者が地域で暮らしていけるようなサポートはすべ
　て行うので、バックグラウンド（家族を含めた患者の置かれた環
　境や、これまでの経緯など）の把握が重要です。その上で環境調

**189**

整（家族など患者を取り巻く人間関係への働きかけ、サポート資源への繋ぎ）を考えます。たとえば、患者が「家族に迷惑かけたくない」という場合、看護師が患者と家族の対話の場をセッティングして調整することもあります

＊

　ここでも、事前情報をインプットして準備はするものの、過度にそれを信じない姿勢が見られます。実際にそれと異なること、時間の経過で変わることも述べられています。

　退院後の患者について考えるとき、家族の意向がとても大事なことがわかります。浅村さんもそれによって、どの程度のかかわりが必要になるのか見極めようとしています。


## ④　対象者とのかかわりや関係性

　患者との関係は医師とのバランスをとる面もあるようです。他にも患者との関わりに関するコメントはありましたが、⑦の熟達化の方へ回しました。

◎ 患者が自律できる環境をつくるのが看護師です

◎ 患者は、専門家である医療スタッフに対して気を遣わなければならない弱い立場になりやすいので、そうならないように注意しています。とくに医師と患者は上下関係や依存関係になりがちなので、看護師がその間に入って、患者がいいたいこと、気になっていることはないかなど、気を配っています。そして何かありそうなら、うまく聴き取って医師に伝えています

◎ 病院には疾患ごとにクリニカルパス*42（診療計画）があります。想定外に痛みが引かないなど、そこから外れた場合はそれを修正します。整形外科の場合、手術後リハビリを数日したあたりでクリニカルパスを修正するか、するならどう変えるか、主治医、理

学療法士、看護師などで話し合って決めます

◎ 危機介入時など、指示に従ってもらわなければならないときもあります。いうべきことは、患者が抵抗しても説得します

＊

最初の言葉は、浅村さんの看護観ともいえそうです。医師と患者の関係を見ながら自分の立ち位置を決めています。

あらかじめ定められたクリニカルパスはあるものの、想定どおりにはならず、随時見直しをしている様子も語られました。危機介入は多職種と同様、看護師が主導しています。

## ⑤ 対象者以外の関係者とのかかわりやその中にある利益相反

病院内にある葛藤について多く語られました。

◎ 患者の家族とも直接かかわります。むしろ家族の方が多いくらいです。経済面などへの関与は、関係をつくってからになることが多いです

◎ 大きな病院は看護師の役割分担があります。病棟、救急、地域連携などです。さらに医師、看護師はじめ他の医療専門職が職種の垣根を超えて患者にかかわるチーム支援が主流になってきています。そこで、他の職種との関係、とりわけ医師と良い関係をつくるのは大事です。院内外の関係者との人間関係づくりも大変です

◎ 患者の利益と経営の意向が相反することがありますが、私としては患者側につきたい思いが強いです。そうはいっても、できないこともあります。病院経営の意向を無視はできません

◎ ベッドを他の患者に回すので退院してもらうという方針に対して、

---

＊42：ある疾患に対して入院から退院までに行なわれる検査や治療、食事や入浴なども含むケアの内容を経過日ごとに記載した診療計画表

「この患者はまだムリ」「せめてこういう状態になるまで待ってください」と上司を説得することはあります。一方「上のいうことに従えばいい」とい看護師もいます。しかしながら、ムリに退院させると、多くはまた帰ってきてしまいます。こういった葛藤はストレスになります。ただ、「ムリだと思っていたが、退院すると意外に自立できた」というケースもあるので、難しいです

◎ 同僚などグチを聞いてくれる、言い合える仲間の存在は、自分を保つうえで重要です

＊

　患者のためにという旗印のもとであっても、専門家の間では意見の相違があるようです。医師の意見が強いとはいえ、チーム医療が主流となる中、オープンな対話が重要になるでしょう。

　ストレートに病院経営との葛藤が語られました。浅村さんは患者側に立ちたい気持ちが強いようですが、患者を守りすぎると自立のチャンスを奪う面もあり、難しさが伝わってきます。

　守秘義務を遵守しながら悩みを共有し、気持ちが通じる仲間の存在は、すべての対人支援職にとって大切でしょう。

## ⑥　支援の終了や評価

　退院時のことなどについてのコメントです。

◎ 理想をいえば、入院前の状態に戻ってから退院させてあげたいのですが、多くの場合後遺症の治療やリハビリなどが必要で、何らかの福祉サービスなどサポートが必要になります

◎ 気持ちの部分では、退院時の患者に、健康面だけでなく生活面でも「これだったらやっていけそうだな」と思ってもらいたいです

◎ いざ退院となったときに、患者と家族と合意していたことが違ってくることがあります。患者から「リハビリはもう嫌」、家族から

「お金のかかる治療は避けたい」など本音と思われることが出てきます。「ここまでやったのに」とがっかりしますが、それよりも「もっとしっかり聴いておけばよかった」「聴ける場や関係をつくればよかった」と反省して、そこからまた対応します

◎ 医療機関主催でケースカンファレンス＊43 が行われます。そこでその事例についての振り返りもなされます。それを参考に、次の患者さんとのかかわりに活かして行きます

◎ 退院後も気になって、通院してきたときに声をかけたり、ケアマネージャーにどうしているのかを聞いたりすることがあります。心配が残った患者ほど気になります。

完治ということが難しい現実の中で、それを受け容れつつ、看護にあたるのです。気持ちだけは前向きになってほしいと願っています

＊

退院時こそ家族との関係は重要になります。本音で話し合う場をつくる難しさも語られました。退院時に意見の相違が表面化して、気持ちが萎えそうになっても、何とかそれを受け容れ立て直しています。

浅村さんらしいのは、やはり患者さんへの気持ちは残るようです。自分の支援の限界は知りながらも、機会があれば、それとなく様子をうかがっています。

## ⑦　支援職の自己理解など熟達化に関係していそうなこと

以下のコメントは、患者とのかかわりでもありますが、自己理解に関することから話されているので、こちらに記載します。

◎ 私は何とかしてあげたい気持ちが強いと自覚しています。「入り込

---

＊43：医師や看護師、作業療法士、薬剤師、ケアマネージャーなどといった患者に関係する専門職に加えて患者やその家族も加わり、治療経過や現在の状況、今後行っていく治療の内容や計画について情報共有や意見交換が行われる

みすぎだ」「そこまですると家族になってしまう」とたしなめられたこともあります。ですから、入り込まないように自分を客観視するようにしています。自分で四六時中患者のことばかり考えていると気づくことがあります。入り込みすぎると自分が疲れてしまうし、距離を取りすぎると冷たい、関心がないと思われるリスクがあります。日々状況次第でバランスをとりながらやっています

◎ 看護師側にも頼られてうれしい気持ちがあり、ついやってあげてしまう人もいますが、かえって患者の自立を損ねてしまいます。自己満足でしかありません

◎ 情報提供ならいいのですが、看護師が患者の意思決定に過剰に関与してはいけません。そこに「こうしたらいい」という看護師の思いが入ってはいけないのです。こちらの判断は保留し、患者さんに委ねるべきです

◎ 看護師は自分がどこまで責任をもってやり続けられるかを、自覚することが大事だと思います

◎ 以上のようなことは、先輩や同僚から教わり、よく叱ってもらいました。そうして実際委ねてみたらうまい具合になることを経験し、そこから学んできました

◎ 小児科病棟のとき、しっかりした子だったので安心して手をかけずにいたら、「私のことを気にしてくれてない」といわれたことがあります。私には、その子の気持ちが見えていませんでした。とてもショックで、ずっとその患者の側にいて「もう向こうに行っていいよ」といわれるまで話を聴きました。そこに気付いてあげられなかった自分は、自分が思うありたい看護師ではありません。それからは何もいわずに、問題なさそうにしている患者に気を配るようになりました。

＊

浅村さんは、自身の支援傾向の強さを自覚しています。だからこそ

入り込み過ぎない、やり過ぎないと心がけています。患者の人生に責任を持てるのは患者自身です。そうしたことを周囲からのアドバイスや、実際の経験から学ばれてきたようです。

　小児科病棟の事例では、浅村さんの理想の看護師像の一端が見えます。多くの患者を抱えていると、何もいわない大丈夫そうな患者には、目が向かないのもムリのないことと思えますが、浅村さんはそうであってはならないといっています。

　患者への情緒的なサポートも求められるため、自分の支援の傾向を知り、患者と適正な距離感をつかむことが求められています。


　最後に、浅村さんのインタビュー内容ではありませんが、筆者が看護師などの医療職の勉強会でのエピソードをお伝えしたいと思います。ある場面を提示されて、自分だったらどう応答するかを考えた後、グループで話し合うというものでした。提示された場面は小児終末期の患者さんの親から「うちの子は助かるんでしょうか」と問われたときの対応についてです。まだ医師からの説明がなされていない時点で、看護師は余命は数ヵ月と知っているという状況です。もし皆さんだったらどうされるでしょうか？

　そこで、私の心を揺さぶり、今でもキャリアコンサルタントたちにたびたび伝えている言葉を聞きました。それはある病院の看護師長さんの「私たちは○○ちゃんはよくなると思って精いっぱいお世話していますよ」という言葉です。医学的には絶望的な状況でも、すこしでも良くなることを信じている姿勢に心から感動しました。

　ときに支援職は、対象者を信じられなくなるときがあります。しかし、どんな状況でも希望を捨てない支援職がいることに勇気づけられもしました。この姿勢こそが、希望を持ちながら絶望的な状況に耐えて、何かできないかともがき続ける力を支えているのだと思います。

## profile

松本 桂樹（まつもと・けいき）
臨床心理士の資格を取得後、アルコール依存症専門クリニックに初の心理職
として入職して 6 年。途中 3 年目から企業のメンタルヘルス対策として従業
員の精神的・身体的不調のケアを行うジャパン EAP システムズに兼務期間を
経て移籍。現在も相談業務に従事。株式会社ジャパン EAP システムズ取締役、
ビジョン・クラフティング研究所所長

## ① 支援（仕事）の概要

　松本さんには、EAP 相談のエキスパートとしてお話をうかがいま
した。EAP の相談は年間延べ 1,000 件、人数にすると 300 人程度（当
事者以外の上司や人事など関係者を含む）とのことです。回数は 1
回から数十回まで。期間でいえば 20 年以上の付き合いになる人もい
らっしゃいます。形式は個別相談もあればグループの場合もあるそう
です。

　EAP の目的は、クライエントの自分らしさや心の健康度を回復さ
せて、仕事の生産性を高めることだとのことです。

　EAP の支援には、次のような特徴があります。

・顧客企業との契約により、その従業員や家族へのサービスとして提
　供される

・顧客企業の管理職や人事部からの自社のメンタルヘルスに関する相
　談や、部下や社員との対応についての相談にも対応する

・利用者からの相談内容は、メンタルヘルス不調による休職からの職

場復帰に関するものが比較的多い

## ②　対象者観

　EAP の事情を踏まえ、松本さんは次のように述べています。

◎ クライエントは、私の知的好奇心を満たしてくれる興味の対象です。自分がクライエントに純粋に興味、関心を向け続けることで、クライエントに自身の価値が伝わる感じです

◎ 知能やパーソナリティなど、特定の領域を知ろうとするアセスメントツールもありますが、自分としては、ある部分を見てみたてるというより、全体性（ゲシュタルト[* 45]）を大事にしています

◎ クライエントは個人として存在しているのではなく、環境との相互作用の中で生きています

＊

　インタビューはクライエントを「興味の対象」だとする独特の言い

---

* 44：Employee Assistance Program（従業員支援プログラム）の略。EAP は単なる匿名相談でもなければ、ストレスや病気を抱えた個人のケアに留まるものではありません。パフォーマンスを下げる要因（ストレス、精神疾患、ハラスメント問題、トラブルなど）への関わりと共に、パフォーマンスを高める要因（キャリアデザイン、ワークライフバランス、コミュニケーションスキル、マネジメントスキル）への取組みも行います。どのような問題に対しても、社員と組織の両者のパフォーマンスの改善・向上を最終目標として対応します。
　株式会社ジャパン EAP システムズは、外部 EAP 専門機関として日本でもっとも長い歴史を有し、また日本で唯一アルコール医療を基礎にもつ EAP 機関です。米国で発展した EAP の歴史と同様に、問題解決のための介入や行動改善などの視点を持ち、社員個人と職場関係者への支援を、EAP のパイオニアとしての誇りを持って実践しています。（以上、ジャパン EAP システムズホームページより）
　近年の過労死の問題や働き方改革の推進、それに伴うストレスチェック制度の導入などにより EAP のニーズは拡大している

* 45：ドイツ語で「形」「形態」「形姿」などを意味する。ここでは人を部分からは導くことのできない、1 つのまとまった、有機的な全体性のある構造をもった存在としてみること

回しから始まりました。これは、EAP においてはクライエントの生い立ちや性格といったことより、今の状況をどうするかが焦点になることが多いことに加え、臨床心理士が素直に相手に興味の向けるという純粋さがクライエントに伝わることの大切さからの発言だと思われます。

2つめ、3つめのコメントには、ゲシュタルト心理学や社会構成主義に立脚したナラティブ・セラピーの実践者でもある松本さんのクライエント観が出ているようです。

### ③　対象者の理解の仕方（みたて方）

専門用語も出てきて少し難しい内容かもしれませんが、脚注を参照しながらお読みください。

◎ 臨床心理士的みたては DSM（163 ページ）も想定します。それは保険などの適用に関する社会経済システムに乗せるためと、診断名がつくことで皆が安心する側面があるからです。
環境との不適応を起こしている人には、新たなアイデンティティというかラベルが必要です。それがないと、よくわからない変な人のままになってしまいます。診断がついたから周囲に受け入れられるというメリットがあるのです。一方、ラベルに対する偏見というデメリットもあるのですが…

◎ 対応を考える際のアセスメントは、職業性ストレスモデル[*46] を使います。クライエントのストレス状況のすべてではありませんが、ストレスの原因、ストレス反応の様子、本人の体力、職場や家庭の支援の現状などを網羅的に把握できます。それに加えて、キャリアの面から将来に向かう戦略的視点を加えて聴き取っていきます

◎ EAP では、クライエントの性格や過去のことより、今の状況をど

うするかが焦点になることが多くなります。ですから、EAPのみたてはクライエントがどういう人か、本質的な課題は何かというより、まずどこから手を付けていくかを見定めることに主眼が置かれています。クライエントの人柄やこれまでの人生については、自分の知的好奇心を向けて聴きます。自分は社会構成主義の考えが好きなので、クライエント個人というよりよりも、環境との相互作用の中で生きているクライエントを見ています

　　　　　　　　　　　＊

　DSMを使ったみたては、それが合っているかどうかより、診断名がつくことで周囲が理解しにくかったクライエントの言動などを受け入れやすくなることのメリットをあげています。クライエントにとっても、「自分がこうなっているのは○○という病気のせい」と理由が付けられます。精神疾患というラベルには偏見が残っていることを考えても、クライエントにとってプラスになることもあるのでしょう。

---

＊46：

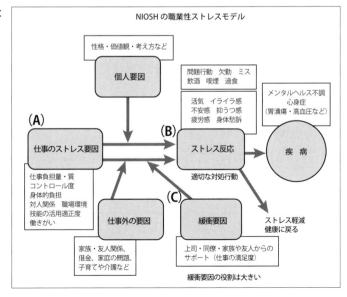

NIOSHの職業性ストレスモデル

EAP では、診断ではなく、クライエントのストレスの状況を網羅的に把握するために職業性ストレスモデルを使っています。現状を踏まえてこの先どうしていきたいかをクライエントが考えられるようにかかわるのでしょう。

ここでも、クライエントを素直に好奇心を向けられるだけの価値ある存在として見ていることや、社会構成主義の視点から理解しようとしていることが述べられています。

## ④　対象者とのかかわりや関係性

EAP のコンサルタントである臨床心理士として、また事業立上げ時は自ら営業もされ、会社経営にも長く携わってきた松本さんのクライエントとのかかわりを見てみましょう。

◎ 納得を生み出したいと思っています。まず、こちらはわからないところに問いを立てて、クライエントに言語化を促し、自分がわかったと感じる納得。そして、クライエントも相手に伝わるように表現できた、わかってもらえたと感じる納得です。双方が納得感を得られる関係をつくることを目指しています

◎ クライエントと EAP の臨床心理士は対等な関係ではないと思っています。ビジネス上は EAP のサービス提供者と顧客の関係です。当然お客さまという意識もあります。ただし、相談場面においては人と人、別の主観を持った存在として考えています

◎ 臨床心理士もクライエントとの関係が先生―生徒関係になることもあるので、その点には気をつけています。理論や知識を伝えたり、事実として情報を伝えることはありますが、「あなたは○○です」「○○するのがいいです」という一方的な言い方はしません。

＊

EAP においてクライエントは顧客企業の従業員でもあるので、相談

の結果やクライエントの満足度が、契約の継続や新たな契約に影響しないとも限りません。そういう意味では、忖度が働かないともいえず、対等だとはいえないのでしょう。とても率直にお話しいただきました。ただし、面談場面では固有の主観を持った人と人といわれています。そして、先生 ― 生徒関係になることもあるといわれています。それを避けるために指示的なアプローチは控えているようです。

## ⑤　対象者以外の関係者とのかかわりやその中にある利益相反

ここでも、顧客企業との関係が影響しているようです。

◎ クライエントの周囲の人、とくにクライエントが所属する会社の上層部などから、「早く何とかしてほしい」というプレッシャーがかかることはあります。もちろん、そうした場合でもクライエント対して焦って操作するようなことはしません。ただ、経過は順調でなくても「こういう状況なのでこうしています」と上層部に状況を伝えられるようにしています。そして、それを伝えることについてクライエントの同意を取ろうとします

◎ そろそろ復職できるかというときに、現場が「今とても忙しいので少し待って」という場合もあります。その場合、本人に「焦らなくていいのでは」と伝えることはあります。本人の意向を汲んで職場側に働きかけることもできるので、葛藤もあります。
ただ、現場の状況をこちらで変えるのは難しく、現場の受け入れ態勢がない中でムリして復帰しても、かえってクライエントのためにならないと考えます

＊

休職中のクライエントと所属する顧客企業の意向との葛藤があるようです。臨床心理上として、クライエントの意思の尊重を大前提としながら、顧客企業に対応されています。

## ⑥　支援の終了や評価

　松本さんの支援の終了時に関するコメントです。

◎　毎回、支援終結後には、もっとよいかかわり方があっただろうか
　　とかの振り返りはします。しかし、良し悪しの評価はしません。
　　評価はあまり意味がないと思っています。評価はクライエントの
　　中にあります。それに終わったら基本的には何もできません

◎　クライエントはまだ支援が必要だと思っていても、顧客企業との
　　契約期間の関係でかかわれないこともあります。クライエントの
　　状況がかなり厳しい場合は、まれに無料で支援することもありま
　　すが、ほとんどの場合は仕方がないと考えます。無料でクライエ
　　ントに会う場合も、そこに次の契約につながるかもというビジネ
　　ス的な考えがないわけではありません

＊

　松本さんは支援の振り返りはするものの、支援の結果についての評
価を、支援者側ですることに意味を感じていません。あくまでそれは、
クライエントがどう感じているかだと考えています。この考えは他の
支援職でも見られています。

　また、支援の終結にあたっても、顧客企業との契約期間が関係して
きています。ここでもビジネスパーソンとしての松本さんの一端が見
えるようです。

## ⑦　支援職の自己理解など熟達化に関係していそうなこと

　熟達化に関する興味深いコメントもたくさんいただきました。

◎　クライエントの過去を聴いて、性格や価値観などについて「わかっ
　　た」とならないように注意しています。虐待を受けていたと知っ

ても、それで何かが解決するわけではありません。「虐待を受けていたなら○○をすべき」といえるものはないのです。

　クライエントのことが「わからない」状態はずっと続きます。過去を聴くと現在のクライエントとの因果関係を見つけたくなりますが、それがそのとおりなのかはわからないのです。トラウマは無視せず大事にしてそっと置いておきます

◎ パーソンセンタード[*47]は、クライエントはもちろん支援者自身も大切にすることです。クライエントに対峙していて自分の興味、関心も大事にするのです。それがクライエントに伝わればいいなと思っています。自己一致[*48]に近い感覚です

◎ 気をつけたいのは、症状にばかり好奇心を向けて聴くと、症状のことばかり話すようになり、かえって症状が消失しないことがあることです。その行為が症状を維持させてしまうのです。

　たとえば「頭が痛い」に焦点を当ててかかわると、そこばかり気になってなかなか痛みが消えないことがあるのです。「おできは気にして触ると治らない」ですね

◎ 簡単なケースはありません。自殺のポストベンション[*49]などは重たさを感じます。自分がすぐに何かできるわけでもありません

---

＊47：専門家主導の心理療法に対して、「人は本来、自分自身の中に自分を理解し、自己イメージや態度を変え、自己主導的な行動を引き起こすための資質をもっている。そして促進的な風土が提供されさえすれば、これらの資源は働き始めるという、来談者を中心に据えた人間への基本的信頼に基づく療法。提唱者はカール・ロジャースで当初は非指示的療法、後にクライエント中心療法と呼ばれた。さらに心理療法以外の対人支援も対象に入れパーソンセンタードアプローチとされた

＊48：「純粋性」とも呼ばれ、クライエントがセラピストとの関係の中で経験する無条件の肯定的配慮（受容）と共感的理解（共感）と共にロジャースが提唱したクライエントの変容を促す3つの中核条件です。自己一致は「自分自身のありのままの感情を体験し、それを受け入れていること」で、受容、共感よりも優先されるべきとされています。セラピストも面談において、ありのままの自己であり、現実に経験していることが自分自身の気づきとして正確に表現されていなければならないのです

が、諦めて何もしないのも違います。無力感を感じつつ共にいることは難しいことですが、大切だと思っています
◎ 心理職には「相手のことはわからない」「自分のことではないので、どうにもできない」という諦観があるように思います。それがいいことなのかどうかわかりませんが…

＊

　松本さんは「わかった」となることの弊害を、決めつけや関心の消失という弊害の視点だけでなく、仮にわかったからといって、それが現在の状況を打開することの役に立つわけではないといっています。支援職としては、被虐待経験などにひっかかってそこを深掘りしたくなりそうですが、それを諫めているようでもあります。

　「好奇心を向けて聴く」は、決して個人の楽しみのことをだけをいっているのではありません。松本さんの人への興味や好奇心、この仕事の楽しさをいっているのだと思います。そしてそれが、別のコメントにある「自己一致して嘘偽りなく、相手に肯定的関心を向けるパーソンセンタードアプローチ」につながっています。

　一方、好奇心を向ける先にも気をつけるべきといっています。痛みなどの症状や悩みの対象などについてばかり聴くと、余計気になってかえって良くないというのです。そこを直視してもらうのはタイミングや程度を考えなければならないということでしょうか。

　最後のコメントには含蓄を感じます。このような諦観を持ちながらも、クライエントを知ろうとする、そして何とかできるようにかかわることは、何かそこに駆り立てるエネルギーが必要でしょう。こういえてしまう松本さんには、謙虚さと仕事への自負の両方を感じました。

---

＊49：自殺など不慮の事故に際し、遺された遺族をはじめ友人や同僚、あるいは目撃者などの関係者に対して適切なケアを行い、心理的ダメージを最小限にするための対応

# 8 | 笠島 康弘さん（柔道整復師、大学教員　仮名）

## profile

笠島 康弘（かさしま・やすひろ）
資格取得後、8年整形外科医院に勤務、その途中で柔道整復領域の専科教員資格を取得、専門学校の非常勤講師3年、その後現在の大学の常勤教員となる。常勤2年目に接骨院開院、オーナーとして施術にもあたっている。

## ①　支援（仕事）の概要

　柔道整復師は国家資格であり、保険による施術が可能な職種です。捻挫や骨折などのケガを、手術や薬を用いず柔道整復術で治します。非観血療法（出血を伴わない診療法）であり、人体が生得的に持っている自然な自己治癒力を引き出して快癒に導くことを目的にしています。

　また柔道整復は日本古来の武道を源流にして、西洋医学の知見を取り入れてきました。高齢社会を迎え、需要が高まる半面、近年都市部では同じような施設の数が増えて、競争が激しくなっています。

　患者が通院する頻度は週1、2回で、期間は1日から繰り返す怪我によって10年以上までさまざまだそうです。

　柔道整復師による施術の目的は、急性外傷である患者の骨、筋肉、関節などに関するケガや痛みの解消、リハビリです。

　柔道整復師の支援には他職種と比べ以下のような特徴があります。
・接骨院という柔道整復師が開業した施設以外に、同様に国家資格である鍼灸師が開業した鍼灸院、国家資格がなくて開業できる整体・骨盤矯正、カイロプラクティック、リフレクソロジーなど多数の類

似施設が乱立しており、競争は厳しくなっている
・ 柔道整復師養成校も数多くあり、多くの柔道整復師が輩出されているが、一部にレベルを不安視する声がある
・ 施術対象が急性外傷なので、慢性化した痛みなどには、原則として柔道整復師としては対応できない（保険適用外で対応することは可能）
・ 日本の武道、とくに柔術を源流にして、東洋や西洋の医学を融合させながら発展してきた

## ②　対象者観

柔道整復師の患者観を聴いてみました。
◎ 患者は主に急性外傷（ねんざや打撲、骨折、脱臼などのケガ）で柔道整復師の施術を望む人です。慢性的な症状であっても、何かのきっかけで悪化すれば施術します
◎ 患者は自然治癒力を持っているので、それを最大限に活用してけがの回復を図ることが仕事です

＊

働きかける対象が、主に骨や筋肉や関節（関連する姿勢や動き）などに限定されているのが特徴です。

ここでも患者が治癒力を持っていることが前提で、それを高めることを仕事としています。これは医療関連職には共通の考え方のようです。

## ③　対象者の理解の仕方（みたて方）

柔道整復師のみたてはどのようにされているでしょうか。
◎ 医療的なみたては、患者に症状を聴く「問診」、患部をしっかりと観察する「視診」、患部に手で触れて状態を把握する「触診」とい

うプロセスで行います

◎ ケガを治すだけでなく、人物的なみたてもします。望む状態（日常生活に支障ないレベル、スポーツの試合に出られるレベルなど）とその理由、治りたい時期、家族などのサポートの有無やレベル、施術への不安などを聴き、施術への前向きさ、痛みへの耐性を見ます。そしてみたてた後に個別に大まかな計画を立てます。明確なクリニカルパスはありません

◎ 施術は、理論やこれまでの臨床データなどを使って行います。迷う症例はありますが、その場合でもこれまでの知見に基づいて施術の仕方を決めます。保留するということはあまりありません。患者の痛みの緩和という目的の前では、仮にでも決めて施術します。ただ、そういった目的はありますが、焦って施術することはありません。たとえ患者が試合に出たいのでいつまでに治してほしいといっても、できる範囲で対応してムリはしません。かえって悪化する可能性が高いからです。その後の患者にとって良くない結果になると思えば、試合に出ないように進言することもあります

\*

みたての手順は決まっていて、内臓なども含めた筋肉や骨の構造を手掛かりにみたてています。それとは別に、施術の方針や計画を立てるため患者のニーズや状況を聴きとっています。治ることへの前向きさや痛みへの耐性は患者の主観だけを聴いてもわからないので、柔道整復師がみたてるようです。施術にあたってもみたてに迷うことは少なく、それに基づいて患者に進言しています。

## ④ 対象者とのかかわりや関係性

笠島さんは、柔道整復師として患者とどのようにかかわっているのでしょうか。

◎ 患者への医療的な情報提供ははっきりと行いますが、それ以外の患者の身の上話や世間話は患者を尊重して聴きます。知っている話であっても、あらためて教えてもらう姿勢で聴きます

◎ 患者はけがを治したいから来るのですが、どの接骨院を選ぶか、また続けて来院するかは、柔道整復師やスタッフとの関係性によります。患者との信頼づくりがとても大切です。技術はもちろん、この先生に任せたいと感じてもらえる気配りや、ていねいな対応力、痛い思いをしている患者の気持ちに寄り添うやさしさなどが大事です。しかし、柔道整復師の学校で知識や技術以外のことを習うことはほとんどありません。臨床現場で必要性を感じ身につけていくのです

◎ 診療内容以外の趣味や家族状況、イベント予定などもカルテに記入し、院内スタッフで共有しています。患者との関係を良くし、喜んでもらうという点ではサービス業でもあります。施術以外でも気に入ってもらうことが、再来や紹介につながります

◎ この仕事のやりがいは、患者が自分の施術によって治って感謝されることで、大きな満足感が得られます。また、患者との信頼感ができて、再来や紹介された患者が来たときにも喜びを感じます。施設としても柔道整復師としても気に入ってもらえたと思うからです

＊

　接骨院の院長でもある笠島さんにとって、患者に満足してもらって、再来、継続利用や知人の紹介を期待するのは当然のことです。そのためには顧客との対応、コミュニケーションも必要で、それらを現場で学ばれています。同じ院のスタッフと施術以外の内容も共有し、誰でも話しやすいようにしています。施術した患者からの感謝、信頼をもとにした紹介にストレートに喜びを表現されています。

　このあたりは、本章5の米沢さんの「先生のおかげでよくなりましたというのは半ば失敗です」という考えと対照的です。

## ⑤ 対象者以外の関係者とのかかわりやその中にある利益相反

◎ 売上などのために、必要以上に高額の保険外の診療を患者に勧める接骨院もあるかもしれませんが、結局は信頼を失い、長期的には経営にもメリットはありません。当院ではこの方針を徹底しています

＊

　笠島さんは、顧客の利益と長期的な経営のメリットは両立していると考えています。

## ⑥ 支援の終了や評価

　支援職としても経営者としても、施術終了後の患者の満足度が気になるようです。

◎ カルテを記入する際に、あらためて患者とのかかわりを振り返り、次回からの施術方針や対応を考えます。そのときに気づくこともけっこうあります

◎ いったん施術が終了したら、自身の施術の良し悪しについての評価を随時行っています。医療上の評価は、施術効果による機能回復の度合いや、設定したゴールへの到達度（いつまでにどういう状態になっていたかったか）などがあります。それだけでなく、患者満足度も意識しています。満足度を推し測る指標の１つに再来率などがありますが、そうした指標よりも、患者さんの態度や言動で判断していることが多いです。お礼など直接フィードバックしてくれることも多いのですが、本当のところはわかりません

◎ 施術が終了して来院しなくなるのは嬉しいことですが、慢性疾患などがあると心配が残ります。また、負傷後の部活動などでの活

躍度合いも気になります。地域の接骨院なので、実際患者と同じ学校の生徒が来たら、「○○さんどうしてる?」と聴くことはあります。来院いただけないと、何かできるわけでもないのですが…

＊

医療的な振り返りは、一定の基準に基づいて行われているようです。一方、患者の個人的な満足度については、再来や紹介で推測はできるものの、他の職種同様、支援職側ではよくわからないようです。専門家と支援を受ける人という関係上、どうしても忖度などが働くからでしょう。

これも他の職にも見られますが、支援終了後も気になる患者はいて、それとなく様子を聴いています。

## ⑦　支援職の自己理解など熟達化に関係していそうなこと

以下はみたてのところでもよかったのですが、経験を積み、そこから学び熟達してきた結果として、みたての精度が上がってきたという視点でここに紹介します。

◎ 初回から数回の対応でなされたみたては、あまり変わることはありません。急に通院時の姿勢が変わっても、そこまでのみたての中に「そうしたことがありそうな人だ」として予想できていることが多いです。みたての確度は高いと思っています

◎ みたてた後にまったく修正しないというわけではありませんが、むしろ豊富な臨床経験により初期段階で多様な可能性を検討したうえでみたてています

＊

初心者のみたてが、支援者自身のものの見方が反映したり決めつけになっていたりするのに対し、豊富な臨床経験からくる熟達者のみたては、プロのカンともいうべき領域なのでしょう。これは柔道整復師

が主に直接的な原因がわかりやすい急性外傷を扱っていることと、他職種より支援する部分（筋肉、骨、関節など）が限定されていることなどが関係しているのかもしれません。

　それでも笠島さんは、先生と呼ばれることも多い職業なので、謙虚な気持ちを忘れないようにされています。患者の声にしっかりと耳を傾ける姿勢をお持ちです。

佐藤 英子さん （訪問介護員・ホームヘルパー、介護福祉士）

## profile

佐藤 英子（さとう・えいこ）
介護福祉士。ニチイケアセンター常盤平、訪問介護サービス管理者。15年前
に家族の介護のことも考えてニチイ学館で学び、ホームヘルパー2級（当時）
を取得。当初はパートから入り、常勤になる。その後、ニチイ学館最初の大
型施設の訪問介護サービス管理者になり、4年前ニチイケアセンター常盤平
開設に伴い、現職として現在に至る。

## ① 支援（仕事）の概要

　佐藤さんには、一訪問介護員の立場と、その管理者の立場の両面か
らお話をうかがいました。

　現在、正式な呼称はホームヘルパーではなく訪問介護員となってい
ますが、ここではインタビュー時に佐藤さんが使われた「ヘルパー」
「ホームヘルパー」をそのまま使用します。

　利用者は週1回の掃除だけという人から、毎日2回排泄介助（お
むつ交換）を実施するような人までさまざまです。また、週1日1
回だけ勤務するヘルパーから、週4日で1日5軒訪問するヘルパー
までいます。1回の時間は排泄介助など30分で終わるところもあれ
ば、買い物同行や調理、掃除などを組み合わせて2時間程度かかる
場合もあります。

　週に複数日訪問する利用者の場合、1人のホームヘルパーでは担当
ヘルパーが休みのときに困ることや複数の目で見た方がいいこともあ
り、曜日によって別々のヘルパーが担当するようにしています。基本

利用者と担当ヘルパーの組み合わせは、クレームなどで交代しない限り、施設に入るか亡くなるまで続きます。慣れあいにならない様に一定期間で交代した方がよいこともあるのですが、ご本人、ご家族の強い要望でなかなか交代できないのが現状です。

　利用者の年齢は80代が中心です。障害者の場合は、お子さんや若い方もいます。

　対応できる業務は介護保険制度の中で決められている自宅での生活を継続するために必要な業務です。その中で、食事のための買い物はできます。治療を受けるための通院の介助もできます。しかし、大掃除の手伝いなどはできません。また利用者本人以外の方のサポートもできません。

　訪問介護の目的は、利用者がいつまでも自分らしく住み慣れた地域で生活できるよう支援することです。

　ホームヘルパーは他の支援職と比べると次のような特徴があります。
・医療が発達して長寿になり、高齢社会がますます進む中で、需要は大きくなっている
・利用者のほとんどを占める高齢者は、成長や発達という方向ではなく、心身の機能が衰えていく過程にある
・利用者の家にお伺いして支援することが多い
・介護保険制度の中で、対応できる業務が決められている
・1人暮らしの利用者の場合、利用者にとって数少ないコミュニケーション（言葉だけでなくボディタッチ含む）の相手方となる
・ホームヘルパーが利用者の自宅で看取る場面もある
・従事しているホームヘルパーも比較的高齢（平均年齢50代半ば、60代が3割）
・利用者の要介護認定の見直しや、医療との連携の依頼は、ケアマネージャーを通じて行われる

＊

これらのホームヘルパーの特徴が、佐藤さんのインタビュー内容にも表れています。

## ②　対象者観

　佐藤さんの利用者についての言葉です。

◎　ご利用者は十人十色です。ですから、支援に入る前に先入観や偏見を持たないようにしています。ケアマネージャーからご利用者の年齢や体調などの状況、これまでの経緯などについて情報が来るので、時間的に対応できるヘルパーの中から、年齢や支援の傾向などが合っていそうなヘルパー候補者を選びます。正式な契約のときに、自分（佐藤さん）が実際に会って確認します。

　会ってみて、変更することもあります。気難しそうであれば落ち着いたベテランがいいとか、元気な方なので若い方のフレッシュさが合うかなどと考えます。また、支援内容によっては、体力なども考慮します。合わない人に担当させるとお互いつらいだけですから。それでも、ときには痛烈なクレームが来ることもあります

◎　暴言のようなひどい物言いをするご利用者もいます。そうしたときには、もともと意地悪な人ではなく、そういうことを言わせるような事情があったのだろうと思って受け止めるようにしています。そうやって受け止めていると、逆にとても気に入ってくれるご利用者も多いものです。誠実に対応していれば、そんなタイミングが来るものであり、それでも拒否するようなご利用者はいないと思っています。そのような経験をして、また人が信じられるようになります

＊

　先入観は持たないようにしながらも、限られた情報と短い時間の面談の中で、担当ヘルパーを決めています。誰がベストか考えて決め

ますが、相性が合わない場合でも、ヘルパーには経験として捉えてもらっているようです。

　また、佐藤さんの「もともと悪い人はいない」、だから「誠実に対応していればいつか誠意は通じる」という利用者観、人間観が表れています。現場での経験がさらに佐藤さんに人への信頼感をもたらしています。

## ③　対象者の理解の仕方（みたて方）

　肯定的な人間観を持つ佐藤さんは、利用者をどのような存在として見ているのでしょうか。

◎ ご利用者が、ヘルパーと家族にいうことが異なるケースもあります。それぞれによく思われたいというのもわかります。異なる物言いの、それぞれがご利用者の気持ちなのです。ヘルパーに見せている面だけがご利用者ではありません。
　ですから、家族と上手くいっていないという話を聴いたとしても、それをうのみにするのではなく、その裏に「そうした境遇にいる私を大事にしてほしい」という気持ちを感じ取るようにしています

◎ ケアマネージャーからくるご利用者の生い立ちなどの情報で、ある程度のイメージは持ちますが、決めつけないようにしています。とくに家族との関係、家族からどう接してこられたかは重要です。家族を肯定的に感じているかどうかで、素直さや前向きさが変わってきます。
　初回の面談時には、社交的かどうか、暮らしぶり（掃除の行き届き方など）はどうかなどを見ます。それがご利用者の性格を知るヒントになりますし、どのヘルパーをあてるかにも重要な手がかりになります

◎ たまには、みたて違いもあります。最初はよそ行きの顔をされますから。けれども、経験を積むとみたてが当たるようになる気がします。それは「こういうことは喜びそう」「こういうことは嫌がりそう」という大まかなものです。たとえば敬語の使い方などでも、懐に入って気さくに話した方がいい方と、きちっと線引きして敬語を使って接するのを好む方がいます。みたて違いもありますから随時修正、更新しています。認知症などでは、実際にご利用者に日々変化があるので、行くたびにニュートラルな気持ちで接するようにしています

＊

　ヘルパーの目に見えるところ、聴く言葉だけに利用者の思いがあるのではないといわれています。その言葉自体より、その背景にある願いに思いを馳せているようです。そうやって接しながら、家族との関係など重要な情報をもとにみたてています。本章5の米沢さんのところでも出てきましたが、そのみたては随時更新しているとのことです。

　日々老いていくご利用者に対しては、「これはできるだろう」という決めつけは危険です。昨日できたことが今日はできないかもしれないのです。

　教員などとは対照的です。子どもや生徒の場合は、昨日できなかったことが今日はできるかもしれません。学校では基本できることが増えていくのです。この違いは支援者にとって大きいでしょう。支援者にとって対象者の成長は励みになりますが、衰えていく場合はその逆です。ヘルパーのモチベーションの保ち方が気になるところです。

## ④　対象者とのかかわりや関係性

　佐藤さんは日々老いてできないことが増えていく利用者に何を思い、どうかかわっているのでしょうか。

◎ ご利用者はできないことが増えていくので、当初の心身の状況で計画した訪問介護計画から内容の見直しを行い、必要な支援に切り替えて行くのが通常です。何ができなくなっているのか、日々そこを見逃さないことが大事です

◎ 私たちと一緒にいる時間以外の安全も考えるように担当ヘルパーに伝えています。ヘルパー滞在時の状況よりもお1人になったときにも安全に生活できるよう、ご利用者の行動を想定してからの退出を心がけています

◎ 感情が見えないご利用者は、何をしたら喜んでくれるのかがわかりにくいので難しいです。せめて自分たちがうかがったときは気持ちをラクにしてほしいと思います。世間話でもいい、人は人と接していることで喜びを感じるものだと思います。訪問したときのご利用者の暗い表情が退出時に明るくなり笑顔が見られるだけでも訪問したかいがあったと感じます

◎ ご利用者が通所してくるのではなく、ご利用者の自宅へヘルパーがうかがうので、ご利用者もよそ行きの顔ではありません。排泄を含め生活の中のあらゆる面を見てしまうことになります。ヘルパーには、何があっても何を見ても受け容れる覚悟が必要だと思います

◎ ご利用者との関係は、家族のような関係になれればいいという気持ちと、仕事上の関係なので線引きをする気持ちの両方があります。自分の親だったらどうしてあげたいかと考えることがありますが、やはり本当の家族にはなれません

＊

　全コメントを通じて、利用者を大事にする姿勢とそのための行動が見られます。利用者にとって貴重な時間がヘルパーによって提供されているのがわかります。そこには利用者のすべてを受け容れるくらいの覚悟があります。

それでも、家族ではなく介護のプロとして接しようとしています。むしろ家族でないからこそできるのかもしれません。

## ⑤　対象者以外の関係者とのかかわりやその中にある利益相反

　ここは家族とケアマネージャーが出てきます。

◎ 限られたサービス時間内では出来ることが限定されているので、できる範囲の中で誠意を尽くしているつもりですが、「もっと何かしてあげられるのでは」と思うことはあります

◎ ケアマネージャーに「こういうことができなくなっている」「こういう症状が出ている（足に壊死が出ているんじゃないかなど）」と現状報告しても、それが考慮されず、その結果足の切断などを招いたときは、もっと強く訴えておけばと、すごく悔やんだこともありました。ただ私たちには診断はできないので、強くいうのも難しいのです。支援の現場で観察したことはケアマネージャーや家族に報告しますが、それが聴き入れられないときは心労がたまります

＊

　現場で担当するヘルパーが一生懸命に利用者の事を考えて報告しても、それが通らなかったことによって、利用者が辛い思いをすることが大きなストレスになっています。利用者のそばにいるからこその言葉だと思います。

## ⑥　支援の終了や評価

　ヘルパーにとって支援の終了は、ご利用者が居宅での介護では生活できず入所型施設に入るか、亡くなるかです。この終わり方は他の支援職にはあまりないものです。

◎ 施設に入ることになった場合は、その期日が事前にわかるので、そこまで無事に支援できればと思います。その日までなるべく楽しく、苦しむことなく過ごしていただきたいと願ってかかわります。また、急に亡くなられる場合は、第一発見者になるときもあります。そうしたときは「今日まで元気だったのに」とショックを受けます。親しかった人がいなくなるという喪失感で、年に1、2回は遭遇します。そのショックをいやすには時間も必要ですが、いつまでも引きずっていてもしかたがないので、次のご利用者にも悔いのない支援をしようと思い直すようにしています

◎ ガン末期の支援などでは、支援開始後1週間で（亡くなって）支援終了となるケースもありました。少しよくなったように見えて、そのあとパタッとなるケースも多いのです。

これも担当ヘルパーにとってはショックです。ご縁があってつながったのに何もできないまま終わってしまうふがいなさを感じます。そうしたときにも後悔しないような援助を心がけています

＊

やはり、利用者の死は辛く、ショッキングな出来事です。「もっと何かできたのでは」という思いがあるのでは？ と尋ねてみましたが、若い頃はともかく、今はそう思わないように支援しているとのことです。日々そうした事態と直面している仕事であるがゆえ、そのとき後悔しないようにしっかりお世話しようという思いをお持ちです。

また制度上、したくてもできないことがあるということは、ある意味ヘルパーを守っているともいえるような気がしました。

## ⑦　支援職の自己理解など熟達化に関係していそうなこと

佐藤さんをヘルパーとして成長させてくれたのはどのような経験だったのでしょうか。佐藤さん自身も60歳を超え、ご利用者の見方

が変わったといいます。

◎ 若いヘルパーも育てなければならないので、週に複数回行くところなどはベテランと組み合わせて担当してもらうなど工夫しています

◎ 難しかったケースで思い出すのは、アルコール依存症のご利用者です。マレにある素面のときはいいのですが、飲むと手が付けられず、どうにも対応できませんでした。先でも触れた、壊疽で足を切断することになった方に対しても心が残りました。どちらも施設に入って支援終了になりました。やはりいつもベストを尽くせたと思えるわけではなく、どうすればよかったのかと悩むケースはあります。答えは出ないのですが…

◎ 長生きの方も増える中で、最近は悲しいかな「生きていくのが大変、しんどい」「こうなったみんなはどうしてるの」という言葉をよく聴くようになりました。

医療が発達して生かされる期間が長くなっています。テレビも文字よく見えない、見えても面白くない、1人でできることが減り、痛いところも増えてくる、そうした中でイキイキと生きていける人ばかりではありません。食べて寝て、毎日をいかに終えるかに難渋し、楽しみを感じないのに生きていかなければならないのです。どうしても「いつお迎えが来てくれるのか」という気持ちになってしまいます。でも、自分で死ぬわけにはいきません。生かされている間は生きなければならないのです。

自分もそれを実感する歳になってきました。自分たちの仕事のニーズは増えていくといわれますが、それが果たしていいことなのでしょうか?

◎ 自分も体力の衰えを感じ、移乗介助などできない作業が出てきました。けれども、その分ご利用者の気持ちが汲めるようになった気がします。言葉とは裏腹な気持ちや、できなくなる体を持て余

す気持ちなどです。若いときはわかったつもりでも、実感はして
いなかったのです。

ご利用者には、排泄介助や不潔にしてしまうことへの羞恥心があ
ることを感じながらお世話するようにしています。汚れたものを
見せたくないけれど、自分で始末もできず隠しているご利用者も
います。それを見つけたときには、そうしたい気持ちを持つ人の
尊厳、プライドを大事にして対応します。自分でできていたこと
ができなくなっていくことは頭でわかっていても「こんなはずじゃ
なかった」という気持ちになるのです。なかなか受け入れられま
せん。世話になりたくなくても、ならなければならないのです

＊

さらなる熟達化の過程で感じていることをお話しされているように
感じました。うまくいかなかった経験を振り返ってみても、こうした
らよいという答えは出てこないようです。佐藤さんも歳を重ねてきて、
若いときには高齢者の気持ちが本当はわかっていなかったといってい
ます。若いときは宇宙人のように思っていたともいわれました。今佐
藤さんは、本当にご利用者の気持ちに共感して介護ができるように
なってきたのかもしれません。

ここであらためて、かかわりのところで出てきた「自分たちがうか
がったときは気持ちをラクにしてほしいと思います。世間話でもいい、
人は人と接していることで喜びを感じるはず」という言葉が響きます。
衰えいく利用者、生きていても楽しみを感じることの少ない利用者に、
こうした気持ちで接し、ヘルパーとしてのモチベーションを保ってい
るのです。ホームヘルパーの項は暗くなりがちな話として読めたかも
しれませんが、佐藤さんがインタビュー中ずっと明るくお話しされて
いたのがとても印象的でした。

# 10 | 伊藤 純子さん（元・国際線チーフパーサー）

## profile

伊藤 純子（いとう・じゅんこ）
大手航空会社にキャビンアテンダント（CA）として入社。23歳のときチーフパーサーに昇進。退職前15年は国際線のチーフパーサーとして主にファーストクラスを担当。

　チーフパーサーには機内のマネジメントなど多様な役割や業務があり、そういうお話もうかがいましたが、ここでは対人支援職として接遇の面を中心に紹介します。

## ①　支援（仕事）の概要

　CA は、大型機では 600 人ほどの乗客を、各クラスに分かれて分担して対応します。

　乗客と直接かかわるのは、機内にお迎えしてから降りるまでです。国内線で短時間の場合は 50 分、国際線で長い場合は、14 〜 15 時間ほどです。飛行時間は距離だけでなく風向きで変わります。

　CA の接遇範囲は機内での生活全般です。飲み物や食事、ブランケットなどの提供、各種困りごとの対応をはじめ、乗客の機内での体調管理にも気を配ります。ファーストクラスはベッドセットもします。

　また、乗客同士のトラブルにも対応します。チーフパーサーは CA を代表してコックピット（パイロット・機長、副操縦士）との連絡調整も行います。

支援の目的は、保安要員として乗客を乗せて無事に目的地まで運行することと、接遇要員として乗客をおもてなしして快適な旅を実現することです。

　CAは他の支援職と比べて、次のような特徴があります。

・安全に運行し無事に目的地に着くことが最優先され、そのうえでの接遇となる
・密閉された機内で、乗客は1時間程度から10数時間を、トイレ以外はすべて他の客やCAの目に触れている状態にある
・いったん離陸してしまえば、乗客の意思で降りることはできない。逃げ場がない中で、どれだけストレスを感じる状況でも同乗者と一緒に過ごさなければならない
・ファーストクラスの場合は、社会的な地位が高い客が多い
・国際線などでは、外国語でのコミュニケーションが必要となる
・安全に運行するためには、統制の取れた指揮系統がある
・日本という国や日本人であることを意識することが多くある

## ②　対象者観

　機内という独特な空間で、乗客の対応をするCAはどのような乗客観を持っているのでしょうか。

◎ お客さまは、離陸したら見ず知らずの他者と生活空間を共にせざるを得ないストレスフルな環境におかれます。ですから、ふだんと違う面が出る方もいらっしゃいます。急に機嫌が悪くなる人も多くいらっしゃいます。そうしたストレスは、ときにCAに向かってきます。それを受け止めて、吸収するしかありません。生来悪い人はいません。環境がそうさせているのです

◎ お客さまは「私は大事に扱われるべき客だ」という意識を持っていて当然です。とくにリピーターやファーストクラスのお客さま

には、当たり前にあると認識しています。そういう気持ちは誰にでもあるという前提で対応します。

　自尊心が服を着ているようなものです。それは自分が行きつけのお店に行く際にもあることです。そうした意識に対して悪いイメージはまったくありません。むしろ、そうした方にこの仕事は支えられています

◎ 一般的には、欲など人間の負の部分といわれる面も含めて受け入れています。その部分について、いいとか悪いとかを評価せず、誰にでもあるものとして見ています。どういう人でも許容できるようでなければ気持ちを保てません

◎ お客さまは一期一会のご縁がある方だと思っています。縁あって出会えた大事な方という意識は強く持っています。そうした見方をすることが、どのようなお客さまにも丁重に接遇するうえで、自分の精神状態を保つことに役に立ちます。チーフパーサーである自分が精神状態を安定させておかなければ、イライラが他のCAに伝播してしまいます。嫌な感じの人だと思って迎えてしまうと気持ちが保てないのです

＊

　ここでも、人は生来、善であるという肯定的人間観が見られます。また自己愛が強く、要求レベルの高い乗客に対しても、それも含めて大事なお客さまなのだと考えています。寛容さともいえそうです。

　それは、一義的にはどの乗客に対しても公平に接遇するためなのでしょう。しかしそれだけではなく、自分の気持ちを安定させておくためでもあります。さらに言えば、対応を誤れば機内全体の快適さを損ね、ひいては安全運航にも支障をきたす可能性があるのです。

## ③　対象者の理解の仕方（みたて方）

　CA のトップであるチーフパーサーのみたてはどのようになっているのでしょうか。

◎ どのような人かはすぐは見極められませんが、まずは第一印象を見ます。身なり、しぐさ、目線、そしてお連れさま（家族、秘書、SP）の様子です。VIP は個別にあいさつに行くので、その際の受け応え、対話量などで、機嫌、好むコミュニケーションスタイル（気軽さを好むか、丁重さを好むかなど）を見ます。旅行の目的（ビジネス、観光など）なども、早い段階で知っておきたいところです。第一印象は長時間のフライトだと変わることもあります

◎ 「この人は機内でどう過ごしたいのか、どう扱われたいのか」というみたてには自信があります。長い経験の中で、外見だけではない部分、態度、表情、話し方、言葉遣い、お連れさまなどを初期段階から観察します。見定めようとするのは、そのお客さまが「どう扱われたいのか」という願いです。決して性格の良し悪しではありません

＊

　第一印象で、人となりを把握しようとしています。そこでは乗客が好む人との距離感といったところを知ろうとしているようです。また、乗客の機内で「こう扱ってほしい」という願いのみたてについては、長い経験の中で身についた観察力によって自信を持っています。

## ④　対象者とのかかわりや関係性

　接遇のプロとしてたくさんの内容が語られました。

◎ お客さまと乗務員は運命共同体です。お客さまにも安全運航に協力

してもらわなければなりません。どれだけ偉いVIPであっても、安全運航に支障がなく、機内の秩序を乱さない範囲でお客さまの要望に沿った個別対応を行います。安全と機内の全体最適を考えます

◎ お客さまは、正論をいえば従ってくれるわけではありません。気持ちよく守ってもらえるような関係づくりをして、言い方にも気をつけています

◎ ファーストクラスでは、食事もベッドの準備も、お客さまの要望を聴いたり、こちらからこのようなこともいかがですかと提案したりしながら、できるだけご満足いただけるように対応します。マニュアルはありますが、それにただ従うのではありません。むしろ現場でこうやったら喜ばれましたと、マニュアル作成にフィードバックするようにしていました。その様子を現場で写真を撮って添付することもありました。観察し、聴いて確認して、お客さまに喜んでもらえるだろうと思える行動であればするようにしていました。ぼんやり見るのではなく、お客さまが望む何かに気づける観察力が大事です

◎ 自分はよかれと思ったらやる方です。気になったらアプローチしてみる積極派のCAです。しかし、気になっても触れない派のCAもいます。自分がチーフパーサーとして乗務する便では、積極派の方針です。「私が責任とるからやりなさい」という感じです。行動に出さなければ伝わらないのです

◎ お客さまには個々に好みの過ごし方をしてもらいたいとは思いますが、制限時間内にやらなければならないことも多く、効率は考えます。たとえば食事やお手洗い時間などです。また、多くのお客さまが寝ている際の、話し声の大きさなどについても配慮した言い方で注意します。公共（交通機関）の場なので、全体最適を考えます

◎ 外国人のお客さまに対しては、日本人代表という自負を持っておもてなしします

◎ 日本の航空会社という意識も強く持っています。日本への帰路の便では、日本人のお客さまには「おかえりなさい（ここから日本ですよ）」と機内にお迎えします。「ただいま」といって泣いてしまう人もいます

◎ 安全運航にかかわる場合（機体不良、緊急着陸など）は、乗務員は躊躇なく危機管理マニュアルを守り、お客さまにも守ってもらいます。もちろん毎回状況は違うのですべてマニュアルどおりにはできませんが、いずれにしても乗務員の指示に従ってもらいます

◎ 緊急時は、キャプテンからチーフパーサーに連絡があり、クルーにアナウンスの内容と乗客から見える位置に毅然と立つように指示します。お客さまからのどのような言葉も受け止めるようにいいます。何かいえる相手（CA）が側にいることで安心を与えます

＊

当然ですが、目的地までの安全運航という絶対守るべき規範が存在しています。その範囲内で最大限のおもてなしを実現しようとしています。重視されているのは観察力、そしてそれをもとにした実際の行動です。「マニュアル外であってもよかれと思うことはする」という強い意志が感じられます。これには異論もあるようですが…。

特徴的なのは、支援者としての自覚に加え、「日本、日本人」という意識です。日本人らしいおもてなしを体現するというプライドも伝わってきます。

## ⑤ 対象者以外の関係者とのかかわりやその中にある利益相反

搭乗してしまえば、乗客以外とのかかわりはコックピットだけのようです。

◎ チーフパーサーはコックピット内の人間関係が良好に保てるように気を配っています。搭乗前に会ったときから、このコックピッ

トメンバーはどういう人かを観察します。好きな食べ物も把握していますし、好む話し方をするようにしています。

インシデント（事故が発生する恐れのある状態）はコミュニケーションエラーから起こることもあります。乗務員全員がヒヤリハットの共有をすぐにできるようにしておくこともチーフパーサーの役目です

◎ 健康管理上から、機長と副操縦士には同じ食事を出しません。当然水分補給や衛生面などにも気を配ります

＊

他のところで書いた安全運航と顧客の希望の利益相反以外には利益相反は見受けられませんでした。コックピット内への気配りも安全運航のためという目的があってのことのようです。

## ⑥　支援の終了や評価

機内滞在時に集中した接遇です。お客さまが飛行機を降りられるときの様子はどうでしょうか。

◎ 機内を出て直後のことまでは考慮して対応します。VIPの場合は、外へ出てすぐ記者会見や重要な国際会議への参加などが控えている場合もあります。そうした場合には、着陸前からご準備できるように配慮します。それより後のことについては、かかわれるとは思っていません

◎ 機内で手を取り合うような関係、打ち明け話を聴くような間柄になっても、降りられたらいったんは関係は終わりです。そういう切なさ、寂しさもあります。「お客さまと特別な時間を過ごせた」「無事でいてほしい」と思います。その繰返しです

◎ 毎回、全体でのサービスの振返りをして、よりよいサービスの提供に活かしています。自分たちでの接遇の評価はしますが、乗客の真意はわかりません。自分たちでは喜んでいただけたように思

えても後でクレームが来たり、その逆に思いもよらないことに感謝のお手紙が来たりもします

＊

VIP のお客さまが飛行機を降りた後の予定を把握し、その準備を促すという気配りには驚きました。それよりも後へのかかわりには、気持ちが残るお客さまがいらっしゃっても割り切りがあります。

評価も多職種同様、自分たちでの振り返りやアンケート調査などはするものの、個別のお客さまの本音はわからないようです。

## ⑦　支援職の自己理解など熟達化に関係していそうなこと

国際線ファーストクラスのチーフパーサーは CA のあこがれです。インタビューの中から伊藤さんの熟達の様子を拾ってみました。

◎ 着陸前にできるだけお客さまの背景を知って、飛行機を降りた後の予定を想定して準備をしてもらいます。すぐに会議、講演、記者会見などがあるとがわかることがあります。そうした場合は、気持ちよくお休みになっていても、「大切なお仕事が控えておられると思うので、そろそろ準備されませんか」と起こします。こういうことが苦手な、また実際しないCAもいます。自分がチーフパーサーの便では、声をかける方針でやっていましたが、感謝されこそすれ、嫌がられることはほとんどありませんでした

◎ こんなことがありました。海外から帰国する便に搭乗され、ずっと外を眺めている 30 代の女性のお客様です。表情は見て取れません。食事もいっさい摂られませんでした。健康状態も心配ですが、機内全体の安心安全の面からも気にして見ていると、外に顔を向けて涙を流されていました。何かできないかなと思い、温かいミルクティをつくって、何もいわずそっと置いてみました。お客さまはそれを飲まれ、カップを下げに行ったとき「このミルク

**229**

ティで少し落ち着けた」と口にされて、そこから辛いことがあった話などをされるようになりました。食事もお召し上がりになり、降りられる際「ミルクティの心遣いが嬉しかった」とおっしゃっていただきました

◎ お客様に「お水をください」と言われたとき、その背景をどれだけ想像し、問いかけることができるかです。サービスは想像力です。「薬を飲みたい」「喉がイガイガする」「咳が出る」「暑い」「汚れを拭きたい」…、たくさんの可能性を感じなければなりません。
ある程度察することができれば、水の温度調節や一緒に飴をお持ちするなどプラスアルファの対応ができます。わからなければ聴けばいいのです。ファーストクラスの担当になるには、観察力、想像力、察知力、問いかけ力などが試験されます。常に「何かできることはないか」と観察します。通路を歩いて想像力を働かせてどれだけの情報を取ってこれるか。そして「おやっ！」と思ったらお客さまに問いかけるのです

◎ オーディオシステムの障害で、何度直そうとしても復旧しないときなどでは、気持ちを込めてお詫びをし、「何度も何度も復旧を試みましたが、どうしても音声が出ません」というように、状況をはっきり伝えます

＊

いずれにも卓越した接遇の力が見られます。観察をもとに想像し、こうかもしれないと察知し、それならばと問いかける（確かめる）というプロセスです。それに加えて伊藤さんは、よかれと思ったらやってみるという積極性があります。

最後のコメントは、文字では伝わらないのですが、本当に心を込めて、毅然とお詫びするアナウンスを再現してくれました。同乗した部下のCAたちは「あのようにアナウンスされたら、何もいえませんよね」と口にしていたそうです。

# 第 6 章

## 対人支援職の中のネガティブ・ケイパビリティ

(第5章のインタビューのまとめとして)

●この章でお伝えすること●

1. 第5章のインタビューの整理

2. 対人支援のエキスパートに共通するネガティブ・ケイパビリティ的要素

インタビューの項目ごとに、対人支援のエキスパートたちが考えていること、実際のかかわり方についてまとめてみます。

なお、インタビューを受けていただいた方がたは、それぞれ各領域のエキスパートで、他の資格、肩書、役割もたくさんお持ちです。しかしここでは、紙面の都合上、以下のとおりの呼称で記載させていただきます。

1    小林 佳代子さん：幼稚園教諭

2    山本 絢子さん：中高一貫校教諭

3    永田 陽子さん：通信制高校教員

4    小川 耕平さん：精神科クリニック院長

5    米沢　宏さん：精神科医（EAP）

6    浅村 由美子さん：看護師

7    松本 桂樹さん：臨床心理士

8    笠島 康弘さん：柔道整復師

9    佐藤 英子さん：ホームヘルパー

10    伊藤 純子さん：チーフパーサー

## 1 | 対象者観

### ① 対象者は「善なる存在」

エキスパートたちは一様に、対象者を肯定的に見ています。肯定的とは、まずもって「対象者の根本は善なる存在」であるということです。目の前の対象者がどのような状態でどのような言動をしたとして

も、幼稚園教諭からは「いい子」、看護師、ホームヘルパー、チーフパーサーからは「根っから悪い人ではない」「もともと意地悪な人ではない」という見方が示されました。また、チーフパーサーは、一般的には負の側面である欲や見栄までも、「持っていて当然と受け入れる姿勢も大事」だと考えています。この見方は、対象者の負の面を目にすることが多い職種ほど強く意識されているようです。

## ② 対象者は「成長する力を持っている」

　幼稚園教諭の「スポンジのよう」、通信制高校教員の「秘めた力を持っている」「ダメな子はいない」「できないから悪いとは考えない」、医療職たちの「（自然）治癒力を持った存在」といった表現です。精神科クリニック院長は、患者が持っている「治りたい」という意思に寄り添い、レジリエンスが発揮できるようにサポートすると言いました。このような対象者の力への信頼は、かかわる期間が長くなるほど、強く実感されているようです。

## ③ 対象者は「かけがえのない存在」「固有で理解できない存在」

　幼稚園教諭は、園児を子ども扱いせず「1人の人間として尊重する」姿勢を持っています。

　中高一貫校教員は、生徒の多彩な面を意識し、「生徒のすべてがわからなくてもいい」と言いました。そしてそのあきらめの中で「わかろう」としています。ホームヘルパーは「十人十色」、チーフパーサーは「一期一会の縁あって出会えた大事な方」と言っています。また、精神科医（EAP）は「患者であっても、何かを教えてくれる先生」と言い、さらに「私（医師）たちが持つ専門的な知識も、個々の患者さんにアジャストしていくことで初めて生きたものになるわけで、私た

**233**

ちが患者を変えられるなどと考えるのは傲慢だと思う」とまで表現しました。臨床心理士は、顧客であるとの現実的な見方と同時に、関心を向け続けるべきかけがえのない存在としました。さらに対象者はある要素（個性や特徴）の総和としてではなく全体として存在し、個として存在しているのではなく、環境との相互作用の中で存在していると言いました。

　それぞれが対象者は唯一無二の存在であり、「この人は○○な人」と簡単にレッテルを貼って理解することをいさめているように聞こえました。対象者の生活に広くかかわるほど、対象者のさまざまな面を目にするため、対象者の個別性、多面性、複雑性が強く意識されているようです。

　これらの対象者観、人間観の支えがあって、対象者を信じ、対象者に委ね、待つことができているのでしょう。また常識的には良くない言動をしていても、「これには何か事情があるはず」と信じて、その事情を知ろうとしています。こう考えるとネガティブ・ケイパビリティを支えているのは肯定的な人間観、人間に対する希望なのです。

##  2 | 対象者の理解の仕方（みたて方）

### ① 事前情報・第一印象からのみたてと、それに対する疑問（みたての保留）、そして随時更新

　幼稚園教諭は、入園前に家庭環境や家での入園予定児の様子から、入園後のかかわり方をみたてています。しかし、園児はスポンジのように何でも吸収して成長していくので、そのみたてを固定化はしてい

ません。興味深いのは、園での園児の様子から家庭の人間関係を垣間見て、それを園児とのかかわり方の参考にしているところです。

　また、長い経験を経てみたての精度が上がってきたとも言っています。ただ、みたての確度は上がっても、対処方法のパターン化はしていません。

　通信制高校教員のみたては、幼稚園教諭と似たところがあります。園児同様、保護者との関係や家庭環境が大きく影響している生徒が多いという背景がありそうです。看護師も地域連携室所属ということもあり、表に出てきていないことも含め、家族との関係を知ろうとしています。

　精神科クリニック院長は、診断が確定しない時間も、患者にとって意味ある時間として「戦略的エポケー」という言葉を提示してくれました。診たての保留にはプラスの面があるということです。一方、臨床心理士は、患者と周囲との関係においては診断というラベルがつくことにはメリットがあるとしています。ここにも両価的な要素があります。

　精神科医（EAP）は、「予約が入ったときから五感を使って毎秒診たてている」「随時診たてたことはそこに置いて、それに囚われない」「診たては終わらない（患者がわかるということはない）」と言いました。さらに「患者が語った言葉の中だけに答えがあるのではない」「話さなかったこと、話せなかったことに大事な何かがある」とも言っています。

　ホームヘルパーは、経験を積むと事前情報や第一印象からのみたての精度が上がってくるとのことですが、それは「喜びそうなこと」「嫌がりそうなこと」といった大まかなもので、ときにはみたて違いもあると言っています。利用者の状況は日々変化していくので、毎日ニュートラルな気持ちで会って観察を続けています。

みたての精度に関係する３つの要素（あくまで傾向であり、個々の事例によって異なる）

1. 支援期間：支援期間が長いほど対象者の変化が大きくなるため、当初のみたてがむずかしい
2. 対象者の変化の大きさ：対象者に起こる変化が大きいほどみたてがむずかしい。たとえば、スポンジのように吸収して成長していく幼稚園児や、加齢や老化が急速に進む要介護者など
3. 支援範囲：対象者を幅広く理解する必要があるため、支援範囲が広いほどみたてがむずかしい。
   ※支援範囲：対象者の生活のどこまでに関わるか。広い：家族など関係者との関係を含む生活全般、狭い：特定の部分（たとえば、ケガをした部位、機内での生活）

## ② 一般論や支援者の枠組みで対象者を評価することの回避

どのエキスパートも、事前情報や先入観だけでみたてないようにしています。中高一貫校教員は、長いかかわりを前提にしているので、入学時点でみたてるという感覚を持っていません。また、一面だけ見ていいとか悪いとかいう評価もしていません。事前情報もあまり参考にせず、先入観なく見ようとしています。

ただ、教員は一定の知識量を測るという面では、学力試験を基準にしています。このようにすべてをわかることはできないとしつつ（できないからこそ）、柔道整復師における筋や骨の状態、臨床心理士における職業性ストレスモデル、CA の機内に限定した過ごし方というように、焦点を絞った支援の形が存在します。

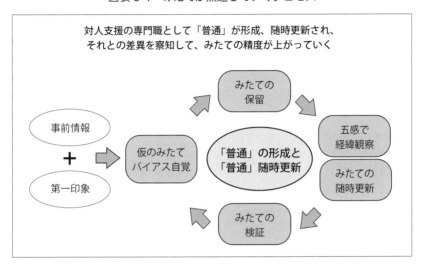

図表 6-1　みたてが熟達していくプロセス

対人支援の専門職として「普通」が形成、随時更新され、
それとの差異を察知して、みたての精度が上がっていく

みたての
保留

事前情報

＋

第一印象

仮のみたて
バイアス自覚

「普通」の形成と
「普通」随時更新

五感で
経緯観察

みたての
随時更新

みたての
検証

また、教員やホームヘルパーのように、対象者の生活に広くかかわる支援と、狭い領域に深くかかわる支援があります。狭いほどその領域に限ったみたての精度は高まるような印象です。とくに、急性外傷に限った柔道整復師のエキスパートは、みたてがあまり外れないと語りました。

精神科クリニック院長は、DSM などの診断基準は使うものの、「この病気にはこう」とはならないと言っています。診断がなかなか確定しないことも、いったん下した診断を変えることも抵抗を持っていません。

さらに、自分とは異なる世界に生きる患者の背景を知ることの重要性にも触れています。

## ③ 自己バイアス（先入観など、ものの見方、考え方の傾向）の認識

どのエキスパートも、自身がこれまでの経験の中で形成してきたバ

イアスの存在を認識しています。通信制高校教員は、自分のみたてには「フィルターがかかっている」と言いました。生徒が変わっていくだけでなく、自分のものの見方、考え方が間違っている可能性を意識しているから、なおさら自分のみたてに疑問を向けているのです。

　一方、精神科医（EAP）は、患者の違和感に気づくには「普通」「常識」という感覚を医師（支援職）が持っていることが大事だと考えています。もちろんそれが、患者の「普通」「常識」とは違っている可能性は意識しています。そのうえで医師が患者に対して「アレッ？」と思う違和感こそが大事だということです。「普通を持ちながらも、それを対象者に当てはめることをせず、しかしその普通は違和感を察知す

## 対人支援職に共通する倫理規範

　本書で取り上げている対人支援職種の倫理規範や倫理基準を調べてみたところ、共通する倫理として、おおむね次のような内容がありました。
●対象者の安全の確保
●対象者の尊厳、人権の尊重
●対象者の自己決定権の尊重
●国籍、人種、民族、宗教、信条、年齢、性別、性自認、性的指向、社会的地位、経済状態等による差別的取扱いの禁止
●対象者に関する情報の守秘義務
　これらに反する対象者の言動については、ネガティブ・ケイパビリティを持って保留するということはなく、速断してそれを止めることがほとんどです。また、これらに反する言動の防止についても、疑念を持つことは少ないようです。
　ただし、あくまでこれらに反する「言動」に対してであり、その言動を持って、それをした個人の人格の否定などの評価やレッテル貼りにつながらないようにはしています。

るために活用する」というのが熟達者のみたてかもしれません。

みたてに関して最後に、精神科医（EAP）の言葉を改めて抜粋します。「ケースカンファレンスを聞いていると、まるで診たての決定版があるかのような議論が展開されていることがあるのですが、新しい情報が入ると、それまでの診たてがひっくり返ることも少なくありません。診たては新たな情報によって、つまり患者の日々の生活上の体験で更新されていくものです。正しい診たてなどはありません。私たちの診たてを絶対視してしまったら、私たちの診たてが新たなドミナントストーリーになってしまう危険があることを留意しておかねばなりません」

column 9

これらの倫理規範以外にも支援職が常に心掛け、実際にそれに沿った行動をし続けなければならないものとして、以下のようなものがあります。常にこれらについてできているか自問自答しながら、自分の支援の質を高めるべく精進していくのです。

● 対象者との信頼関係の構築、維持
● 支援者自身の自己理解（自己覚知）、自己客観視
● 当該領域の専門家としての責任感、社会的信用の維持向上
● 新たな専門知識の習得など熟達化に向けた自己研鑽
● 多職種との連携による支援レベルの向上
● 専門領域の活動を通した社会貢献
● 支援職自身の安全や健康の確保

対人支援職は、対象者に直接かかわるので対象者に与える影響が大きいため、対象者の人としての尊厳を守ること、自分を知り研鑽に励むこと、関係者と協働すること、社会に貢献することが各職種共通に求められているのです。

# ③ 対象者とのかかわりや関係性

この項目は各職種でかなり多様なコメントがあり、まとめるのがむずかしいのですが、あえていくつかの共通項をあげてみます。

## ① 緊急時における支援職と主導のかかわり

これはすべてのエキスパートが口にしたことですが、命の危険、他者への危害など安全を脅かす事態においては、専門職として躊躇せず行動しています。医療においては患者が嫌がっていても説得していますし、CAも安全運航を守るためにはお客さんに毅然と指示して従ってもらっています。幼稚園教諭は他の園児にけがをさせるような行為は、即注意して止めさせていますが、その後そうした行為をした事情を聞き出そうとしています。各職種とも、緊急時にはポジティブ・ケイパビリティを発揮し、収拾後にその原因や自分たちの対応について振り返りをしているようです。

さまざまな領域の対人支援職には、いずれにも「対象者の安全を守る」などの絶対的な規範（倫理基準など）が存在します。それに反する言動や事象に対しては曖昧にせず、素速く対処しています。

## ② 上下関係の回避や配慮

幼稚園教諭は、年齢が離れているからこそ指導的にかかわりがちになることを自覚し、そうならないように注意しています。安易に答えを教えず、園児に考えさせています。中高一貫校の教員も、答えを教

えることへの慎重さを述べ、いままでそうしてきた先生方の葛藤にも触れていました。今の教員には、「落としどころの放棄」が求められているのです。

　看護師は、患者は専門知識を持つ医療スタッフに気を遣ってしまう弱い立場（上下関係の下側）になりやすいと考え、配慮しています。臨床心理士は「先生－生徒関係になることに注意しています。CAはお客さまとの関係を運命共同体と表現しました。共に無事に目的地まで機内で過ごす仲間なのです。

　一方、精神科クリニック院長は、「患者は治療のパートナー」であり、パターナリズムはよくないとしながらも、患者の自己決定権に委ねてしまうのは無責任であるとしています。シェアードディシジョンメイキングという考えも教えてくれました。

　医療では支援者と対象者の間で情報の非対称性が大きく、患者は病気に関する正確な情報が圧倒的に少ないのです。そうした領域では、支援職側が対象者の意思決定に関与する度合いが大きくなるようです。

## ③ 強みの承認からの成長と、失敗からの教訓と成長

　通信制高校の教員をはじめ教育領域のエキスパートからは、図表6-2のような対象者の成長のプロセスが語られました。その事例として、通信制高校教員から、他者を援助するピアサポート体験で自信をつけていく生徒の話がありました。これは留学生が異文化の中で周囲の寛容さに支えられて受容され、個性を強みとして居場所を確立し、目的意識を持って学ぶようになるプロセスとも共通しています。

　一方、幼稚園教諭は園児が失敗を恐れすぎと感じており、むしろ失敗を歓迎し、失敗からの学びを重視する姿勢を見せています。園児は自分が失敗を許容されることで、他の園児の失敗への寛容さを学ぶと

図表 6-2　成長のプロセス

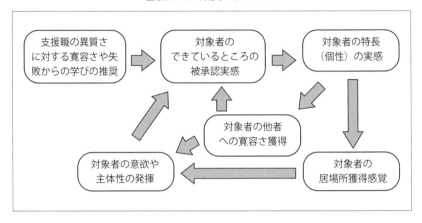

いうのです。幼稚園教諭自身も完璧ではない部分、失敗する場面を見せるようにしています。

## ④ 想定外を受け入れ、結果を急がない姿勢

　中高一貫校教員は、想定外をそのまま受け入れる授業がしたいと述べ、異質さを持つ生徒からの学びを強調しました。異質さを「悪いこと」とはしていないのです。

　同様の視点は、通信制高校教員にも見られます。精神科医（EAP）は、話をよく聞くと、想定外のことが出てきて患者理解に役立つとしていますし、患者が話してくれなくてもイライラせず、何か事情があるのだろうと考えています。そして、役に立ちたいと思いながら、患者を待っていられるかが大事だというのです。ホームヘルパーは利用者の言葉をうのみにせず、そうした言動の背景をじっくりと時間をかけて知ろうとしています。柔道整復師は患者の早く治したい強い意向があっても焦って施術していません。

## ⑤ マニュアルの活用とそれに縛られない対応

　医療におけるクリニカルパス、精神科における DSM、CA の接遇マニュアル、ホームヘルパーの援助計画など、各領域には既存の知見を活用してまとめられた支援のよりどころとなるツールがあります。エキスパートたちはそれを活用しながらも、それに頼り切ることなく、個別の対象者に対して柔軟に対応しています。

　ホームヘルパーは、利用者が自分たちと一緒にいないときの行動まで予測して、危険を回避しようとしています。CA のファーストクラスでのおもてなしはマニュアル外対応が多く、むしろ現場で行ったマニュアル外の好事例を既存のマニュアルにフィードバックすることまでしています。幼稚園教諭は、すべての園児を公平には扱えないと自覚し、むしろ目立たない園児にこそ配慮したいといっています。この姿勢は看護師や CA のエピソードにも見られます。

　以上のようなかかわりを支えているのは、以下の 3 つがあります。

### 1．肯定的な人間観、支援の先への希望

　精神科医（EAP）の「患者は自分の力で生きていけるはず」、精神科クリニック院長の「患者がかつてできていいたことを知ることで患者の潜在的な力がわかる」、ホームヘルパーの「人は人と接している中で喜びを感じるはず」と支援の先への希望を持っています。

### 2．自分の支援への謙虚さ

　幼稚園教諭の「公平さや完璧であることへの諦め」、通信制高校教員の「自分たちにできることは見守り」、精神科医（EAP）の「医者だけでできることは少ない」というように、支援への謙虚さを常に持っています。

### 3. 対人支援職としての覚悟と矜持

CA の「どのような人でも受け入れます」「客室内で起こることはすべて受け入れます」「日本の航空会社、日本人としての（他にはないレベルでの）おもてなし」、ホームヘルパーの「利用者に何があっても（訪問したら亡くなっていても）も受け入れようとします」など支援職としての覚悟と矜持が現れていました。

この３つがネガティブ・ケイパビリティを支えているのでしょう。相手の力を信じながら謙虚であると同時に、誇りを持っているのです。

 **4 | 対象者以外の関係者とのかかわりやその中にある利益相反**

これは、各職種で共通の内容が多く見られました。

## ① 際限のない支援の範囲や深さ、それに対して自分ができることの葛藤（業務範囲と支援職の葛藤）

対人支援の仕事は際限がありません。やれることはどこまでもあります。「人のために何をしたい」「人の支えになりたい」という強い思いを持って就く仕事でもあるので、つい個人の限界を超えてやろうとしてしまいます。

しかしそこには、対象者の自立を妨げる面と、自分が無力感にさいなまれバーンアウトしてしまうリスクがあります。このことは、実際の経験として精神科医（EAP）や看護師から語られており、教育関係の３人の話の中でも見られました。ホームヘルパーはできる範囲を決めて、その中でしっかり責任を果たそうとしています。「すべては

できない、すべてをやろうとはしない」という諦めを受け容れつつ、できるだけのことをするのです。

## ② 対象者の家族や職場などの意向と対象者個人の意向の葛藤（対象者の関係者と対象者の葛藤）

対象者が子どもや高齢者の場合は家族、社会人の場合は家族に加え職場が支援に大きく影響してきます。精神科のところでは、夫婦の面接をしていて離婚が決定的になって、1人の治療者がそれぞれの面接を続けるのが難しくなる場合は、別の医師と担当を分けるようにすることが語られました。

対象者の家族や職場の意向が対象者個人の意向と異なるとき、支援職として対象者側につきたい気持ちを持ちつつ、重要な他者の意向も無視できないという状況があります。あらゆる対人支援職の職業倫理には、対象者の尊重が謳われてもいます。とくに、保護を受けているなどで弱い立場にある対象者の代弁者としての役割を果たそうとすると、周囲との軋轢が生じるのです。それが対象者と家族の関係を悪化させる事態を招きかねません。

さらに、環境側の意向は一様ではなく、各家庭、職場によってバラバラで、かつ一定ではありません。学校では、あまりに家族の意向を聴きすぎると、今度は家族が何でもお願いしてくるような依存につながることもあります。そうした中で、はっきりとどちらの側につくともなく、それでも対象者中心で考えながら仕事をしていくのです。

## ③ 支援職が所属する組織の意向と支援職個人の意向の葛藤（支援職の所属組織と支援職の葛藤）

学校、病院、福祉施設など、いずれにも経営の方針や意向があります。

収益をあげることと支援職が考える「対象者にとって良いこと」が一致しないこともしばしばのようです。高校では有名大学への進学実績をあげることが大なり小なり求められています。

　支援職は自分が所属する組織の意向を無視はしないものの、できるかぎり組織側へ働きかける姿勢が見られました。看護師が語った退院がむずかしい患者のケースでは、組織を説得しようとしています。ホームヘルパーもケアマネージャーに要望を伝えています。ここには、次にあげる全体最適という要素も入ってきます。

## ④ 全体最適と対象者の個別最適の葛藤

　地域、学校、病院、機内の全体を考えたとき、対象者個人の意向は汲めないケースが出てきます。治療過程にある入院患者の退院の問題では、入院を待つより重篤な患者を考慮した「地域医療全体を考えた判断」があり、遅刻が目立つ生徒への指導では、学校全体の秩序維持の視点があります。CAには、航空機全体として安全運航を確保するという絶対的な使命があります。安全運航の前には、それに反する乗客の意向は考慮されません（もちろん、丁寧に対応、説明します）。「全体最適を守る対応」と「個人の意向による例外対応」を、個々の事案においてどうしていくのか？　そこに答えはありません。その場の状況に応じて判断するのです。

## ⑤ チーム支援

　これは葛藤状況ではありませんが、多くの領域で支援を1人で行うのではなく、関係者がチームとなって支援していくようになっています。通信制高校では、学校外の多様な人との接点によって多様な生き方を提示し、学校の常識外の生き方に触れられるようにしています。

看護師は、チーム医療の中で医師をはじめとする病院内スタッフとの調整をしています。チーフパーサーは、パイロットなどコックピットを含めた機内スタッフとの関係構築に腐心しています。チーフパーサーの場合は、それがよい乗客対応のためというよりも、コミュニケーションエラーを防いで安全運航を確保するという面が強いようです。

　また、精神科思春期外来やアルコール臨床では、家族や関係者とも面接をするのが重要かつ当たり前で、さらにオープンダイアローグという関係者を集めて対話をする手法もとられています。これも、支援者が1人で考えるよりも、多くの人と一緒に考えた方がいいアイデアが出て、良い支援につながるという意味ではチーム支援といえるかもしれません。

 **支援の終了や評価**

## ① 支援終了後の心残りと切り替え

　基本的には、どのエキスパートも一連の支援が終了すれば、区切りをつけて次の支援対象に気持ちを切り替えています。ただ、教員、看護師、柔道整復師などは情の部分として気になる対象者はいて、風の便りを気にしたり、先方からの連絡などでかかわりが継続したりしています。

　それに対して医師は、比較的切り替えができている印象です。精神科医（EAP）は「治療関係終了後に気持ちが残ることはほとんどありません。患者との間で『ここで終了』と区切りをつけるからです。来

るはずの日に来なかったら、何かあったのかな？　と考えますが、来ないこともその人の選択として尊重します」と述べています。

　共通しているのは、この先ずっと支援できるわけではないという割切り（諦め）と、支援終了後の対象者の人生を対象者自身に委ねる姿勢（対象者が主体的に生きていくことの尊重）です。

## ② 自分の支援の振り返りの継続

　ほぼどのエキスパートも、毎回自分がした支援の内容についてベストを尽くせただろうかと振り返りをしています。それを次に活かすことで、熟練化が進んでいます。このことは、随時みたてを修正していくことと関連していると思われます。みたての修正は、それまでの支援を振り返ることによってなされるともいえるでしょう。

## ③ 評価は対象者の中

　所属する施設としての評価を行ったり、支援について対象者にアンケートをとったりしている職種もありましたが、ほぼ個別支援の評価は「対象者のその後の人生の中でどう役立ったか」にかかっていると考えています。

　支援職側で「支援終了時どうなっていてほしいか」という点については、おおむね「前向きに生きる気持ち」「これならやっていけそう」という将来に向けた希望を持っていてほしいという願いが語られました。進学先など具体的な目標を達成していてほしいという気持ちもなくはないものの、それよりも自分や将来への肯定的な気持ちになっていればいいということでしょう。

　幼稚園教諭は「こうなってくれたらいいとは思うが、押し付けはしない」、中高一貫校教員は「他人と比べるのではなく、その子の中で

**248**

の評価、成長度合い」「進学先では、なりたい自分になれているか」、通信制高校教員は「ムリに進路を決めようとはしないが、そこに向けての努力はする」と述べています。

　また、精神科医療では2人ともが個別の目標設定に触れています。精神科クリニック院長は「地域で生活できるようになることから、高いパフォーマンスを発揮できるようになることまで」、精神科医（EAP）は「来院時にどうなっていたいかというゴールを患者と決める」「終結も、今日で終わりでいいか話し合って決める」「もしもゴールが明確でなかったら、『ゴールを明確にする』というゴールで治療を開始をする」などのコメントが見られます。


　これ以外に、臨床心理士や柔道整復師の中で、経営的な視点からの評価、すなわち契約の更新や再来院、知人の紹介の発生などを評価していることも出ました。医療では、ケースを使った勉強会での振り返りなどについても触れられています。

　また、とくに印象に残ったこととして、ホームヘルパーの支援終了が「対象者が亡くなるか施設に入るか」であることから、ことさらそうなったときに後悔しないような支援を心がけていること。ファーストクラスのCAの支援終了を、飛行機を降りるところではなく、降りて直後に予定されているイベントへの対応までと考えていることをあげておきたいと思います。

# 6 支援職の自己理解など 熟達化に関係していそうなこと

## ① 自己バイアスの具体的把握と影響の排除

　前述のとおり、支援職は自分の認知の仕方にはバイアスがあること
を知っています。熟達化の文脈では、知っているだけでなく、その具
体的内容の把握と、実際の支援においてそれが対象者に影響を与えな
いようにできているかが問われます。

　幼稚園教諭は、「先生の善悪などさまざまな判断基準、考え方、興
味のありかなどが知らず知らずに出て、子どもたちに影響を与えてし
まいます。先生側が自分の考え方の傾向や興味の在りかなど自覚して
おかなければ、無自覚に子どもたちを方向付けてしまうのです。子ど
もたちの多様性を尊重するには、先生側の自己理解が必要です」と述
べました。中高一貫校教員は、生徒に答えを提示したくなる自分をイ
ライラしながらもそれを抑えて、生徒に委ねているうちに、生徒の学
びが深まった経験を語り、その経験が生徒との接し方を変えたといっ
ています。通信制高校教員も、自分が人を見る際のフィルターに触れ
ています。

　看護師も「何とかしてあげたい」気持ちが強い自分を知り、共依存
になることを諌めています。また、臨床心理士は、自分の興味関心で
焦点を当てた部分（症状）に患者が囚われることがあることに注意を
喚起しました。精神科医（EAP）は支援者は自分のものの見方、考え
方にどういう傾向があるか、今、自分はどういう状態か知っておかな
ければならないとし、とくに自分の心の傷、触られると痛いところを
知っておくことが必要だと述べています。そしてできれば、その問題

を解決しておくことが大事だと言っています。さらに「患者が自分に
どういう感情を向けているかに敏感になることが、治療関係をつくる
うえで重要」ともつけ加えています。自分のバイアスだけではなく、「患
者から自分がどう見えていると自分は感じているか」とメタ的に意識
を向けることで、患者との関係を客観視しようとしているのでしょう。

## ②「役に立ちたい」という有能感と「役に立てない」という 無力感の受容

　対人支援の仕事に就くのは、人の役に立ちたいからです。しかし同
時に、エキスパートたちは「役に立てないこと」を受け容れ、対象者
から役に立ったと思われなくていいとも考えています。通信制高校教
員は「今は悩む時間でいいと見守る、何とかしようとしない」と考え
ています。

　精神科医（EAP）はこのあたりについてたくさん言及しています。
支援職としての在り方を、「治療者の究極の課題は『いい治療者であ
りたい』という自己愛に、どれだけ謙虚でいられるかではないか」と
述べ、「クライアントに感謝されようとすると、世話を焼き過ぎて自
立を妨げてしまうことがある」「自分の有能さを確認するために患者
（という他人）を利用してはならない」と警鐘を鳴らしています。そ
して「極論すれば、私たちは患者から忘れてもらいたいくらいで、ク
ライアントがあたかも自分でよくなったかのように陰で支えるのが私
たちの仕事だ」としています。また「新たな療法を学んで、それをう
まく自分の中に取り込んで使えればいいが、学んだことを使いたいと
いう余計な考え（欲）が入ると、今までの自分らしさが消え、ギクシャ
クしてしまう」と学びに対する考えも表明しています。

　臨床心理士は、支援職が役に立ちたいあまり、早急に「わかった」
と思い込み、そこからすぐに解決策にいくことに触れ、簡単に「こう

だからこうすればいい」とはならないと教えてくれました。何人かの
エキスパートは「対象者のことがわからなくてもいい」という諦念が
あることも口にしました。

## ③ 失敗体験からの学び、先輩などからの指導、対象者から
### の学び

　多くのエキスパートが、自分の成長のきっかけとなったこととして、
「失敗体験からの学び、先輩などからの指導、対象者からの学び」の
３つをあげています。幼稚園教諭は「試行錯誤することが大事」「最
初は経験豊富な先生の見様見真似でいい」、通信制高校教員は、生徒
とのかかわりの中で自分も学び、成長してきたことを話してくれまし
た。ほかでも触れてきたように、対人支援の仕事には支援職と対象者
が共に学び合い、成長していく循環が見られます。看護師も先輩や同
僚からの叱責で学んできたことを感謝の気持ちとともに教えてくれま
した。ホームヘルパーは、どうにもできなかったアルコール依存症の
利用者との経験を語り、いまでもどうしたらよかったのかと考え続け
ています。その答えを出すことが目的ではなく、考え続けることが大
事なのです。

　これら以外に熟達化を促す経験として、特定の領域で臨床経験を積
むこと、新たな理論や技法などの習得、関連領域の学びがあげられて
います。また精神科医（EAP）は、自分の支援のプロセスを詳細に整
理し、客観視できるようにしています。似た症例に安易に当てはめな
いためにも、細部まで詳細に記述しています。
　CAは、想像力と問いかけ力をあげています。「お水をください」と
いう乗客の背景をどれだけ広く想像できるか、できなければできるよ
うに問いかけられるかが大事だと力説されました。ホームヘルパーは、

高齢の対象者のことを、自分が若いときは頭でしかわかっていなかったことに気付きました。似たような利用者とのかかわり続けてきた経験と、何より自分が近しい経験（若いころのように動けなくなる経験）をすることで、やっと利用者の気持ちに近づけるようになったと話されました。その1つが楽しみがない中で生きていかなければならない辛さへの共感です。

　人はすぐには変わらない、変えることはできないと頭ではわかっています。それでも駆出しの支援職は、早く結果がほしくなります。エキスパートたちの語りには、時間というものの大切さが表れています。時薬の力は将来への希望であり、それを信じることもネガティブ・ケイパビリティを支える1つなのです。

図表6-3　インタビューしたエキスパートの支援領域と支援期間による位置付け

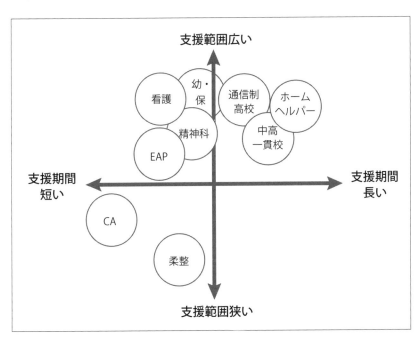

第 **7** 章

# ネガティブ・ケイパビリティを身につけるための研修とその結果

（対象：キャリアコンサルタント）

●この章でお伝えすること●

1. 研修の目的
2. 研修の内容
3. 研修の成果

筆者は、2021年から専門職大学院である社会構想大学院大学で、ネガティブ・ケイパビリティについて研究し、その中でキャリアコンサルタントを対象にネガティブ・ケイパビリティの理解と習得を目的とした研修を実施しました。本章では、その内容と効果検証の結果を紹介します。

　ここでは、キャリアコンサルティングとキャリアコンサルタントを次のように定義します。

> 　キャリアコンサルティングとは「主に相談者（相談をする人）の生き方、働き方（キャリア）に関することをテーマにして、相談者の可能性や適性などについての理解（自己理解）、相談者が置かれた環境に対する理解（環境理解）を促し、相談者が自らの意志と責任で意思決定し、生きがい、働きがいを感じられるように関わること」。そのキャリアコンサルティングを行うのがキャリアコンサルタントである。

　キャリアコンサルタントは相談者に対して心からの受容と共感を示し、相談者の存在を尊重することによって、相談者が自分の経験に映る自分を直視し、受け入れられるように支えていきます。そのかかわりを通じて、相談者は経験から見えてきた社会の中の自分を知り、社会が要求する役割を知ったうえで、担いたい役割や目指す存在に向けた選択をしていくのです。

　キャリアコンサルタントは2016年に国家資格化され、現在72,000人を超えています。筆者は2000年からキャリアコンサルタントの養成にかかわり、筆者の会社の養成講座受講生は50,000人近くになっています。

　筆者は、相談者の役に立ちたいあまり、拙速に相談者のことを「わ

かった」つもりになって、早く相談者の悩みの原因を特定して解決しようと働きかける受講生を多々見てきました。資格取得後の事例検討やスーパービジョンにおいても、同様のことが見られました。こうしたことから、「わかった」となりたくなる気持ちを抑え、丁寧に相談者にかかわるために、ネガティブ・ケイパビリティを身につけることが必要ではないかと考え、この研修を実施したのです。

# 1 | 研修の目的

　曖昧さへの耐性尺度* 50 研修の目的を次の3つとし、研修の前後でアンケート調査を実施しました。アンケートは、ネガティブ・ケイパビリティに近い概念と考えられる、曖昧さへの耐性尺度を参考に設計しました。

1. キャリアコンサルティングにおけるネガティブ・ケイパビリティを理解し、説明できる
2. 自分の他者（相談者）理解の枠組みや、みたての傾向を言葉にできる
3. 自分が「わかったつもりになっていないか」に注意を払い、ネガティブ・ケイパビリティを意識した面談ができる

　研修は2022年12月に同内容で2回、対面とオンラインで各1回実施しました。受講者は合わせて25人で、おおむね実務経験10年

---

＊ 50：Jason,Hancock.　Martin,Roberts.　Lynn,Monrouxe., & Karen,　Mattick（ジェイソン・ハンコック、マーティン・ロバーツ、リン・モンルー、カレン・マティック）(2015) .Medical student and junior doctors' tolerance of ambiguity：development of a new scale（医学生と研修医の曖昧さへの耐性尺度の開発）Advances in Health Sciences Education volume 20, pages113 ～ 130

以上のキャリアコンサルタント有資格者です。

ネガティブ・ケイパビリティについての研修前の理解は、25人中5人が「理解しており言語化できる」、13人が知っているが、言語化できない」、5人が「聞いたことはある」、2人が「知らない」でした。

## 2 | 研修の内容

　自己紹介と研修に関連する題材でのアイスブレイクを入れたあと、キャリアコンサルティングの現場で見られる課題（早期に相談者をみたててしまい、それに沿って面談を進めてしまうこと）を提示しました。

　次に最初のワークとして、早期からポジティブ・ケイパビリティ優位で対応してくるキャリアコンサルタントの面談を経験して、どのような印象を受けるか、どのような気持ちになるかを味わってもらいました。その後、なぜそのように感じるのかについて話し合いました（ワーク1）。

　次に、ネガティブ・ケイパビリティとその必要性、ポジティブ・ケイパビリティとのバランスなどについて、具体例を交えながら解説しました。先に解説しなかったのは、ネガティブ・ケイパビリティありきの予定調和的な姿勢で受講することを防ぐ狙いからでした。そこから次の3つのワークを行いました。

1. 途中で相談者の第一印象とは大きく異なる情報が入ってくる事例（音声データ）におけるみたての変化の検討（ワーク2）
2. 面談の最終盤まで激しく怒り続ける相談事例（実演）の、面談終了前の5分間の使い方についての検討（ワーク3）

3. ネガティブ・ケイパビリティを意識した面談のロールプレイ（すぐに「わかった」となって反映や要約をせず、相談者の発した言葉の意味を丁寧に確認することを意識して実施）

そして最後に、新しい概念やスキルが受講者の中に統合することを促進するため、研修での学びについて自分の言葉で言語化してもらいました。

この研修のワークで使用する場面や事例は、筆者が大学院で行ったキャリアコンサルタント熟達者のインタビューの内容を参考に作成しました。

## 3 研修の前後で実施した アンケート内容と分析結果

研修前後のアンケートを集計して検討などを行いました。その結果、「曖昧さへの耐性」が、とくに優位に高くなっていた（$p < 0.001$）のは、「11. 当初のみたてと矛盾する情報に直面すると不安になる」です。これは研修内のワーク2の内容が、この項目に近い内容だったため、顕著な変化につながったのではないかと推察できます。

次に優位な変化を見せた（$p < 0.01$）のが、「4. 相談者から漠然としたテーマを提示されても安心していられる」と「10. 一部の相談者の役に立てないことが受け入れがたい」です。前者については、研修内の講義やロールプレイにおいて、相談者を理解しきることはムリだということを受け入れ、だからこそ関心を向け続ける姿勢の重要性が理解されたこと、後者については講義における「過度に役に立とうとすることの弊害」の解説や、ワーク3において役に立てそうも

ない状況を実感したことが影響しているのと考えられます。

　もう1つ優位な変化が認められた（p < 0.05）のが、「9. 複雑な課題を持つ相談者との面談は楽しい」です。これは研修内の講義における「相談者は複雑で固有な存在であり、だからこそ尊厳がある」という言葉が実感を伴って理解されたためではないかと思われます。

図表7-1　アンケートの内容

| | | そう思う | やや そう思う | どちらとも いえない | やや そう 思わない | 思わない |
|---|---|---|---|---|---|---|
| 1 | 相談者のすべてを知ることができないことを認めている自分に満足している | 5 | 4 | 3 | 2 | 1 |
| 2 | 個々の相談者の状況や課題に合わせた対応をしたい | 5 | 4 | 3 | 2 | 1 |
| 3 | 明確な答えを出してくれるキャリアコンサルタントを尊敬している | 5 | 4 | 3 | 2 | 1 |
| 4 | 相談者から漠然としたテーマを提示されても安心していられる | 5 | 4 | 3 | 2 | 1 |
| 5 | 自分の面談の仕方、ものの見方について反対してくるのは良いSVである | 5 | 4 | 3 | 2 | 1 |
| 6 | 慣れていることは、慣れていないことより好ましい | 5 | 4 | 3 | 2 | 1 |
| 7 | （相談者側として）「絶対に間違いない」と言われると不快に感じる | 5 | 4 | 3 | 2 | 1 |
| 8 | 相談者を取り巻く複雑な状況を早くクリアにしたくなる | 5 | 4 | 3 | 2 | 1 |
| 9 | 複雑な課題を持つ相談者との面談は楽しい | 5 | 4 | 3 | 2 | 1 |
| 10 | 一部の相談者の役に立てないことが受け入れがたい | 5 | 4 | 3 | 2 | 1 |
| 11 | 当初のみたてと矛盾する情報に直面すると不安になる | 5 | 4 | 3 | 2 | 1 |
| 12 | 対応したことのないケースに直面すると不安になる | 5 | 4 | 3 | 2 | 1 |
| 13 | 重要な意思決定の多くが不十分な情報に基づいて行われていることは不快だ | 5 | 4 | 3 | 2 | 1 |
| 14 | 教科書や専門家が事実と異なっていることを述べるのは許しがたい | 5 | 4 | 3 | 2 | 1 |
| 15 | 相談者が自分のことを話すのを聞いて、何が問題なのかがわかると嬉しい | 5 | 4 | 3 | 2 | 1 |
| 16 | 良い面談とは、何をどうすべきかが明確であることである | 5 | 4 | 3 | 2 | 1 |
| 17 | 自分のキャリアコンサルティング関連の知識が足りないことを相談者に認めてもいい | 5 | 4 | 3 | 2 | |

**260**

以上4項目が研修の前後で、優位に「曖昧さへの耐性」が高まる方向へ変化しており、研修の効果は一定程度認められたと考えています。

　一方、「1. 相談者のすべてを知ることができないことを認めている自分に満足している」、「6. 慣れていることは慣れていないことより好ましい」、「12. 対応したことのないケースに直面すると不安になる」の3項目については、優位傾向（p < 0.1）は見られましたが、明確な優位さがあるとはされませんでした。研修の主旨からすると、もう少し大きな変化が期待されたところです。ネガティブ・ケイパビリティが身についていれば、相談者のすべてを知ることができない自分に寛容になれるし、不慣れなことも未対応のケースも当然のことと

図表7-2　ネガティブ・ケイパビリティの理解（n = 25）

| 項　目 | 事前 | 事後 | 差 |
|---|---|---|---|
| 理解しており言語化できる | 5 | 19 | +14 |
| 知っているが言語化できない | 13 | 6 | -7 |
| 聞いたことはある | 5 | 0 | -5 |
| 知らない | 2 | 0 | -2 |

図表7-3　ネガティブ・ケイパビリティの必要性（n = 25）

| 項　目 | 事前 | 事後 | 差 |
|---|---|---|---|
| 必ず身につけるべき | 9 | 21 | -12 |
| できれば身につけるべき | 5 | 4 | -1 |
| わからない | 11 | 0 | -11 |
| 不要 | 0 | 0 | 0 |

図表7-4　ネガティブ・ケイパビリティの発揮（n = 24）

| 項　目 | 事前 | 事後 | 差 |
|---|---|---|---|
| 大いに発揮できる | 2 | 5 | +3 |
| 時々発揮できる | 5 | 17 | +12 |
| わからない | 16 | 2 | -14 |
| ほとんど発揮できない | 1 | 0 | -1 |

して受け入れることができるでしょう。今後研修を改善していく際の指針としていきます。

　このアンケート以外にも研修前後のアンケートを実施しており、その単純集計は以下の表のとおりです。


　これら図表 7-2 〜 7-6 のアンケート結果から、受講者にネガティブ・ケイパビリティの必要性が認識され、研修の 3 つの目的に対して一定の成果があったものと考えています。

　図表 7-6 については、受講者に実務経験豊富なキャリアコンサルタントが多かったため研修前から苦手な相談者やテーマに関する自覚があり、変化が見られなかったと考えられます。

# おわりに

## ネガティブ・ケイパビリティの普及に向けて

　ここまで、対人支援職のネガティブ・ケイパビリティについて述べてきました。しかし、ネガティブ・ケイパビリティは、対人支援の専門職だけに必要なものではありません。人の成長にかかわる立場、役割としては、家庭での親、組織の上司、部活やサークルの指導者など、世の中のいたるところにあります。さらには、親同士、子ども同士、上司同士、部下同士などピアな仲間・同僚の関係でも、他者と学び合う姿勢が望まれます。ビジネスにおける顧客や、交渉相手に対しても、一方的に提案や意向を伝えるのではなく、相手の真意をわかったつもりにならず、じっくり聴く姿勢が求められています。いわば、人と人が接点を持ち、かかわる場面すべてにおいて、他者をじっくりと時間をかけてわかろうとするネガティブ・ケイパビリティが必要なのではないでしょうか。

　また、誰もが支援を必要とする立場にもなり得ます。一生涯学び続けることが求められる中での学生、医療では患者、福祉の領域ではサービスの利用者、そして会社では年齢が上でも部下になったりします。実は支援を受ける側こそが、これまでに身につけてきた常識や普通、「自分はこういう人」という自己イメージをいったん脇において、「本当は自分はどうありたいのか」を立ち止まって考える必要があるのです。仮に「こういう方向へ行こう」と意思決定して進んでいきながらも、それを最終的なものとせず、環境変化や自分の成長を見ながら、随時確認していくのです。

　簡単に答えが出ることのない最たるものは、「自分はいかに生きる

**263**

べきか」「何のために生きるのか」「社会の中でどんな役割を果たすべきか」といった生き方への問いです。どうしても、1つの答え（目標）を設定し、そこに向かって迷わず生きたくなります。誰しも迷うのはイヤなのです。しかし残念ながら、こういったテーマでは、死ぬまで「唯一絶対の答え」にたどり着くことはありません。せいぜい「悪くはなかった」「まあこれでよかった」という実感が得られる程度です。そのときどきで思い悩み、答えが出ない中で考え続けながら、最後にそう思えることが素晴らしいのです。生きている間は考え続けている状態が続くのです。

　これは、答えを出すことを諦めることではありません。いったん答えが出ても、「本当にそれでいいのか」「そこで止まっていいのか」と、先へ先へと考え続けていくのです。この苦しい営みに耐える力がネガティブ・ケイパビリティです。

　また、健康を害したり、経済的に困窮したり、人に裏切られたり、八方ふさがりに思える状況でもネガティブ・ケイパビリティが役に立ちます。あわてて動かず、しかし決して諦めることなく、そこで耐えながら時機を待つのです。回復が困難な病気やケガの場合、新たな治療法や器具の開発を待つ意味もありますが、それを受け容れる心の変化（たとえば、それまでの人生観とは別の人生の意味を見つけること）にも時間が必要なのです。

　こういうプロセスには家族や対人支援職など信頼できる他者とのかかわりが重要です。対象者は支援職とのかかわりを通じてネガティブ・ケイパビリティを学び、支援職はそういう対象者を見て、さらにネガティブ・ケイパビリティの大切さを実感するのです。

　この当たり前のようなことは、頭でわかっていても、実際はとても難しいことです。支援職はまず自らがネガティブ・ケイパビリティを身につけ、それを対象者と接する中で、対象者にも伝えていく使命があります。支援職はもちろん、ネガティブ・ケイパビリティを持つ人

**264**

がさらに多くなっていくことを期待しています。

＊

少し大きな視点からお話しします。

本書の中で、支援職がそのストレスフルな状態に耐えるときの支えにしているものとして、答えを出さずにいることへの肯定的な価値づけ、そして、人間に対する希望、人と人との関係性に対する希望が見えてきました。

社会の分断を越えていくためには、他者の中には知ることのできない莫大で豊穣な領域があると認識することが必要です。それを前提として相手を尊重し、「わかり合う」に少しでも近づこうとすることが分断を埋め、人と人を繋げていくのです。未知の領域はわかり合える可能性を含んだ価値あるものです。

そこには、AIなどデータから受け取るものとは違う、対人関係の中で感じられる言葉にし難いものがあります。それはデータには表れず、対人関係の中で実際に感じるしかないのです。相手の未知の領域に対して相互に寛容になり、受け入れ合うことによって豊かな関係ができます。相手を否定して攻撃的になることのない関係が広がることで、多様性を活かせる社会ができるのです。

そのように、人は1人ひとりが世界に影響を与えうる価値ある存在です。そして世界もそれを受け入れて、わずかずつでも変わっていきます。個人の行為、感情、思考は世界を映しています。苦しみや悲しみは世界の矛盾や不条理を映しているのです。それを受けとめて解消しようと働きかけるのは、対人支援職だけではありません。すべての人が「よい社会、苦しみのない社会とは」「そのために向けて自分はどう生きるのか」を考え続け、あきらめることなく社会に働きかけていくことを支える力、それがネガティブ・ケイパビリティだと考えています。

# 謝　辞

　本書を執筆するにあたり、まずお礼をお伝えしたいのは、インタビューをお受けいただいた対人支援のエキスパートの方々です。元・幼稚園教諭・保育士の小林佳代子さん、元・中高一貫校教員の山本詢子さん、通信制高校教員の永田陽子さん、精神科クリニック院長の小川耕平さん、精神科医（EAP）の米沢宏さん、看護師の浅村由美子さん（仮名）、臨床心理士の松本桂樹さん、柔道整復師の笠島康弘さん（仮名）、ホームヘルパーの佐藤英子さん、元・国際線チーフパーサーの伊藤純子さん、本当にありがとうございました。またお話はうかがったものの、諸事情によりインタビューとしての項を取ることができなかった株式会社理想経営代表取締役で研修講師の山本正樹さん、都内美容院のトップスタイリスト JUN さんにも心から御礼申し上げます。お2人にも、たくさんの示唆をいただきました。

　また担当編集者の渡辺敏郎さんにも、折に触れ励ましをいただきました。ありがとうございました。さらに、社会構想大学院大学・実務教育研究科で本書執筆のきっかけとなった研究をご指導いただいた伴野崇生先生（現・慶応義塾大学・総合政策学部准教授）、ネガティブ・ケイパビリティの日本語訳として保留状態維持力を当てたことをとても評価していただいた本間正人先生（京都芸術大学教授）などをはじめ、諸先生方にも御礼申し上げます。

　最後に、執筆にあたって多くの資料や知見をいただいた株式会社日本マンパワーのメンバーにお礼をお伝えいたします。ありがとうございました。

# あとがき

　筆者は大学時代応援団に所属し、4年生のときは団長を務めました。就職して企業の人事部に配属され、その後転職など紆余曲折あり、この20年あまりを日本マンパワーでキャリアカウンセリング関連の仕事をしています。

　私の時代の応援団は先輩の言うことが絶対であり、応援団の規律や先輩の意見に対して「NO」は一切存在しませんでした。暴力による指導も肯定されていました。そういう点では、思考停止の状態に見えるかもしれません。しかしそういう環境の中で、いやそういう環境だからこそ、私個人の中には「こういう団体でいいのだろうか」「こういう（黙って従う）自分でいいのだろうか」という葛藤がありました。簡単には解決しないその葛藤を持ったまま4年間を過ごしていました。

　応援団は競技団体ではありません、試合もコンテストもありません。いくら応援が大きな声できれいに揃ってできていても、実際に競技をするのは選手たちです。そこで当然出てくるのは、「なぜこんなに苦しい思いをして応援するのか」「応援団はなぜ存在するのか」という疑問です。この問いに自分なりの答えを出せない団員は辞めていきます。逆に自分なりの答えが出せた団員は、厳しい環境でも辞めません。

　私がやっと辿り着いた答えは「人を信じる力を養うため」です。いくら大差で負けていても、どれだけ劣勢で敗色濃厚でも、応援団だけは最後まで勝利を信じて全力で応援します。そういう自分を信じて疑わない人の存在は応援される人にとって大きな力になると思えるようになったのです。実際に大差で負けている試合でも、勝つことはでき

ないまでも 1 点を返したり、わずかに差を縮めたりするのです。

そして、人を信じることができれば、自分も信じることができるようになります。自分にはできないと諦めない、自分の力を自分で制約しない姿勢ができてきます。大学を卒業するときの自分は、入学時にはまったく想像できなかった自分でした。とうていできると思えなかったことができたのです。

絶望的な状況でも諦めずに人を信じ、自分を信じて耐えること、ただじっと耐えるだけでなく、そこで努力を続けることが明るい将来を招くという希望を持てるようになりました。私がキャリアカウンセリングを仕事にし、対人支援職のネガティブ・ケイパビリティに心惹かれるのはこんな経験も関係しているのかもしれません。

ここまで拙い文章をお読みいただき、本当にありがとうございました。

2024 年 5 月

田中 稔哉

## 参考文献

・Gray, Martin (1990). 『英米文学用語辞典』（ニューカレントインターナショナル）
・古田克利 (2018). 『キャリアカウンセリング場面でのマイクロアグレッションの特徴—大学キャリアセンターの個別相談を対象とした定量研究』（関西外国語大学）
・帚木蓬生 (2017). 『ネガティブ・ケイパビリティ 答えのない事態に耐える力』（朝日新聞出版）
・Kahneman,D. (2013). 『ファスト＆スロー』上・下（早川書房）
・金沢吉展 (2017). 『心理学ワールド　カウンセリングにおける「秘密」—クライエントの秘密』（公益社団法人日本心理学会）
・小田知里 (2017). 『保育者の専門性についての一考察—わからなさにとどまる力 'Negative Capability' の視点から—』（静岡福祉大学紀要）
・田中稔哉、伴野崇生 (2023). 『キャリアコンサルティングにおけるネガティブ・ケイパビリティ（Negative Capability）と、その獲得のための研修の効果—「保留状態維持力」としてのネガティブ・ケイパビリティ—』（社会構想大学院大学）

## 著者プロフィール

田中 稔哉（たなか・としや）

メーカーで人事（採用・教育・労務・人事企画)業務に携わった後、コンサルティング会社にて新規事業開発、関連会社経営に従事。中小企業の採用支援、就職氷河期の大学生の就職支援事業の立ち上げを経て、日本マンパワー入社。キャリアカウンセラー（CDA）養成講座の開発、大学・高校向けキャリア教育プログラム開発、行政機関への雇用対策事業の提案・企画・運営、ジョブカフェのチーフカウンセラーなどの業務を経験し、キャリアコンサルティング事業、公的就業支援・雇用対策事業、中小企業診断士養成事業の担当取締役を経て、現在は代表取締役会長。キャリアコンサルティング協議会副会長、全国産業人能力開発団体連合会理事

・実務教育学修士（専門職）
・公認心理師
・精神保健福祉士
・１級キャリアコンサルティング技能士
・国家資格キャリアコンサルタント
・CDA（キャリア・デベロップメント・アドバイザー）

所属学会：日本キャリアカウンセリング学会、日本実務教育学会、日本マイクロカウンセリング学会

あえて答えを出さず、そこに踏みとどまる力 — 保留状態維持力

## 対人支援に活かす ネガティブ・ケイパビリティ

2024 年 6 月 30 日　初版第 1 刷発行

著　者 ——— 田中稔哉
　　　　　　©2024 Toshiya Tanaka
発行者 ——— 張　士洛
発行所 ——— 日本能率協会マネジメントセンター

〒 103-6009　東京都中央区日本橋 2-7-1　東京日本橋タワー
TEL　03（6362）4339（編集）／ 03（6362）4558（販売）
FAX　03（3272）8127（編集・販売）
https://www.jmam.co.jp/

装丁・本文デザイン ——— 山之口正和（OKIKATA）
本文 DTP ——————— 渡辺トシロウ本舗
印　刷　所 ——————— シナノ書籍印刷株式会社
製　本　所 ——————— 株式会社新寿堂

ISBN 978-4-8005-9234-7 C0010
落丁・乱丁はおとりかえします。
PRINTED IN JAPAN

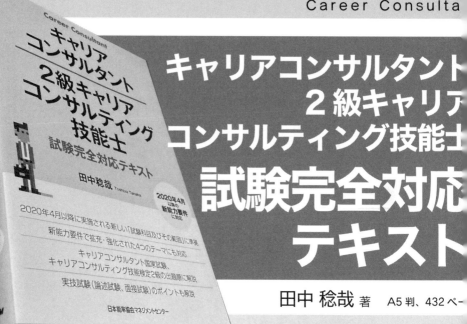

# キャリアコンサルタント 2級キャリア コンサルティング技能士 試験完全対応 テキスト

田中 稔哉 著　A5判、432ペー

2020年4月以降に実施されている「試験科目及その範囲」に準拠して、新能力要件で拡充・強化れた4つのテーマに対応しています。
国家資格・キャリアコンサルタント試験、国家検キャリアコンサルティング技能検定2級の出題川解説しています。
実技試験（論述試験、面接試験）のポイントも解しています。

本書は、いま注目されている
●キャリアコンサルタント
●2級キャリアコンサルティング技能士
両方の試験に対応する受験参考書です。

## ●主な目次

**JMAM** 株式会社 日本能率協会マネジメントセンター